Gymnasium Bayern

Deutschbuch

Schulaufgabentrainer 7

Trainingsheft für Schulaufgaben und den Jahrgangsstufentest

Herausgegeben von
Kurt Finkenzeller (Ingolstadt) und
Andrea Wagener (Köln)

Erarbeitet von
Bärbel Kößler-Finkenzeller (Ingolstadt)
Martina Kratz (Poing)
Florian Schneider (Ingolstadt)
Michaela Thurner-Uhle (Gaimersheim)

W0387664

Cornelsen

Autoren- und Quellenverzeichnis

S. 4 f.: Bauer, Michael Gerard: Nennt mich nicht Ismael! (Auszug) Aus dem Englischen von Ute Mihr. München: Hanser Verlag 2008, S. 58 ff./**S. 8 f.:** Garland, Inés: Wie ein unsichtbares Band. (Auszug) Aus dem argentinischen Spanisch von Ilse Layer. Frankfurt am Main: Fischer Taschenbuch 2015, S. 106 ff./**S. 22:** Schneider, Florian: Codewort MOR – zusammen gegen den Rest der Welt. Originalbeitrag/**S. 23:** Schipek, Peter: Interview mit Prof. Dr. Dr. Gerald Hüther, „Wie entsteht Computersucht?" (gekürzt). Zitiert nach: https://www.lernwelt.at/downloads/interviewmitprofhuether.pdf (17.12.2018)/**S. 28:** Bonvalot, Michael: „Boyan Slat war 16 Jahre alt" (verkürzt und verändert). Zitiert nach: https://www.wie-wir-wollen.at/ich-will-die-weltmeere-von-plastikmuell-befreien/ (12.12.2018)/**S. 31:** Lechner, Auguste: Die Nibelungen (Auszug; gekürzt). Würzburg: Arena Verlag 2005, S. 19–21/**S. 38 f.:** SZ-Artikel „YouTuber als Beruf: Hallo, ihr Lieben", Johannes Lohmaier und Fabian Schäfer, SZ.de vom 22.11.2016.

Bildquellenverzeichnis

S. 3 oben, 16 oben: F1online/Mike Kemp/Blend Images; **S. 12:** stock.adobe.com/Elantseva; **S. 13:** ClipDealer GmbH/Wavebreak Media LTD; **S. 16** Mitte: Shutterstock.com/Aaron Amat, unten: Shutterstock.com/Mangostar; **S. 17** oben: Shutterstock.com/Gyorgy Barna, Mitte: Shutterstock.com/Tracy Whiteside; **S. 22:** stock.adobe.com/Gorodenkoff; **S. 27:** stock.adobe.com/Epibrate Images; **S. 29:** action press/theoceancleanup/Exclusivepix Med; **S. 33:** SiegfriedMuseum Xanten; **S. 38:** Shutterstock.com/Africa Studio; **S. 40:** stock.adobe.com/sum41

Soweit in diesem Buch Personen fotografisch abgebildet sind und ihnen von der Redaktion fiktive Namen, Berufe, Dialoge und Ähnliches zugeordnet oder diese Personen in bestimmte Kontexte gesetzt werden, dienen diese Zuordnungen und Darstellungen ausschließlich der Veranschaulichung und dem besseren Verständnis des Buchinhalts.

Impressum

Teile des Kapitels „Sollte man Kaugummikauen in der Schule verbieten?" (S. 16 ff.) wurden von Kerstin Muth erarbeitet.

Redaktion: lüra – Klemt & Mues GbR, Wuppertal

Illustrationen: Uta Bettzieche, Leipzig: S. 8, 10, 11, 15; Nils Fliegner, Hamburg: Umschlaginnenklappen;
Peter Menne, Potsdam: S. 3, 4, 7, 31, 34, 36

Umschlaggestaltung und Layoutkonzept: werkstatt für gebrauchsgrafik, Berlin

Umschlagfoto: Thomas Schulz, Berlin

Technische Umsetzung: zweiband.media, Berlin

www.cornelsen.de

Alle Drucke dieser Auflage sind inhaltlich unverändert
und können im Unterricht nebeneinander verwendet werden.

1. Auflage, 2. Druck 2021

© 2019 Cornelsen Verlag GmbH, Berlin

Das Werk und seine Teile sind urheberrechtlich geschützt.
Jede Nutzung in anderen als den gesetzlich zugelassenen Fällen bedarf der vorherigen
schriftlichen Einwilligung des Verlages.
Hinweis zu §§ 60 a, 60 b UrhG: Weder das Werk noch seine Teile dürfen ohne eine solche
Einwilligung an Schulen oder in Unterrichts- und Lehrmedien (§ 60 b Abs. 3 UrhG) vervielfältigt,
insbesondere kopiert oder eingescannt, verbreitet oder in ein Netzwerk eingestellt oder
sonst öffentlich zugänglich gemacht oder wiedergegeben werden.
Dies gilt auch für Intranets von Schulen.

Druck: Athesiadruck GmbH

ISBN: 978-3-06-200226-7

PEFC/18-31-166

PEFC zertifiziert
Dieses Produkt stammt aus nachhaltig bewirtschafteten Wäldern und kontrollierten Quellen.

www.pefc.de

Inhaltsverzeichnis

Schreiben – Erzählen, informieren und argumentieren

Jahrgangsstufentest Deutsch

Stopp jetzt! – Aus der Sicht einer Figur erzählen

Stell dir vor, du erhältst in der nächsten Schulaufgabe folgende Aufgabenstellung:

Lies den folgenden Textauszug. Versetze dich in die Figur „Ismael" und schreibe einen Brief an seinen Cousin Peter, der weiß, dass Ismael im St Daniel's Boys College von Barry Bagsley gemobbt wird.
Erzähle in dem Brief kurz von dem unten geschilderten Vorfall und begründe, wieso du dich zur Wehr gesetzt und dem kleinen Jungen geholfen hast. Erkläre auch, warum du danach dennoch nicht zufrieden warst.

Michael Gerard Bauer

Nennt mich nicht Ismael! (dt. 2008, Auszug)

Der Vorfall ereignet sich kurz bevor Scobie neu in die Klasse kommt. Bisher hat Ismael Barrys Gemeinheiten widerstandslos hingenommen. Auf dem Heimweg von der Schule beobachtet Ismael nun, wie Barry und seine Freunde einen kleinen Jungen ärgern und ihm seine Kappe nicht zurückgeben. An der Schuluniform des Jungen erkennt Ismael, dass dieser auf seine frühere Schule, die Moorfield Primary, geht.

Ich weiß nicht, warum ich glaubte, etwas tun zu können, oder was genau, jedenfalls stellte ich fest, dass ich auf das Dreieck aus grauen Schuluniformen zulief und auf die kleine grün-blaue Gestalt, die darin gefangen war. Ich kam mir vor wie eine hölzerne Marionette, die sich ruckartig fortbewegt, während ein Wahnsinniger die Fäden zieht. Ich brauchte meine gesamte Konzentration, nur um die Bewegungen meiner Arme und Beine zu kontrollieren und dafür zu sorgen, dass sie sich nicht verhedderten und ich zu Boden stürzte.

Fragen wirbelten durch meinen Kopf wie die Bälle bei der Ziehung der Lottozahlen. Was mache ich hier? Bin ich vollkommen verrückt geworden? Glaube ich wirklich, dass ich dem Jungen helfen kann? [...]

„He, Stinkstiefel, Lust auf Frisbee?" Barry Bagsley lachte und warf eine schlabberige blaue Kappe mit einem großen gestickten „M" zu Danny Wallace hinüber.

Der Junge aus der Moorfield Primary machte einen halbherzigen Versuch, sie zu fangen, aber er hatte längst begriffen, dass er keine Chance hatte. Mit roten Augen und dreckverschmierten Backen sah er mich an, als wäre ich noch ein Peiniger mehr.

Danny Wallace schleuderte die Kappe zurück zu Barry Bagsley.

„Was hast du gesagt, Piss-Wal? Lust auf ein Spiel?"

Ich schüttelte den Kopf.

„Was? Du willst nicht mit uns spielen? Ich bin erschüttert. He, Jungs, ich glaube, Stinkstiefel mag uns nicht. Er möchte nicht mit uns spielen."

Die beiden anderen lachten und taten so, als wären sie sehr enttäuscht.

„Warum gibst du ihm nicht einfach seine Kappe zurück?" Es war raus. Ich hatte es gesagt. Jetzt konnte ich nicht mehr zurück. Ich hatte mich auf das Transportband gefesselt und steuerte auf den Fleischwolf zu.

„Ihm die Kappe zurückgeben?", sagte Barry mit gespieltem Entsetzen. „Aber wir hatten gerade so viel Spaß damit. Oder, Jungs?"

Danny und Doug lächelten wie Gangster.

„Ihm macht es keinen Spaß. Gebt ihm jetzt die Kappe zurück." Ich hörte das Malmen und Schleifen von Stahl auf Fleisch.

„Tja, Fisch-Wal, wenn du willst, dass er seine Kappe zurückbekommt, dann komm doch einfach und hol sie."

Was sollte er sonst sagen? Ich kam mir vor, als wären wir in einem alten Ritual gefangen, in dem die Worte und Rollen immer gleich waren. Was konnte ich tun? Wenn ich Wolverine aus X-Men wäre, könnte ich die stählernen Klauen aus meinen Fingerknöcheln ausfahren und Barry Bagsley zu einem Haufen menschlicher Zwiebelringe zerschnippeln. Aber halt, ich habe keine übernatürlichen Fähigkeiten, oder? [...]

„Komm schon, gib ihm seine Kappe zurück", blökte ich. [...]

„Was ist los, Trantüte? Hier ist deine Chance, ein Held zu sein. Du hast doch nicht etwa Angst?"

Ich sagte nichts. Ich tat nichts. Ich wurde zu Brei gemahlen und zerstampft.

„Ich mach dir einen Vorschlag. Wenn du uns deine Kappe zum Frisbeespielen gibst, dann geben wir dem Kleinen seine Kappe zurück, versprochen."
Das würde er natürlich nicht tun. [...] Aber ich steckte inzwischen so tief in dem Fleischwolf, dass ich keine Wahl hatte, als durchzuhalten und zu warten, bis ich am anderen Ende wieder ausgespuckt wurde. Also zog ich meine Kappe aus der Tasche und reichte sie Barry Bagsley.
„Super, zwei Kappen zum Spielen – doppelter Spaß!"
Ich sah zu, wie meine Kappe zu Doug Savage hinübersegelte, der sie lässig aus der Luft pflückte.
„Komm schon, du hast versprochen, dass du sie zurückgibst", nölte ich eindrucksvoll.
„O nein, da muss ich wohl gelogen haben! Ich werde in der Hölle schmoren. Rette mich! Rette mich!" [...]
Sie warfen sich weiterhin die Kappen zu. Der Moorfield-Schüler versuchte gar nicht mehr, sie daran zu hindern. Ich auch nicht. Wozu auch? Was wäre, wenn ich tatsächlich eine auffinge? Was würde dann passieren? [...]
Barry Bagsley schwang zurück wie ein Diskuswerfer und schleuderte die Kappe mit einer ausholenden Armbewegung hoch über den Kopf des kleinen Jungen, weit über die Uferbefestigung hinweg hinunter in das stehende Wasser des Moorfield Creek. „Huch", sagte er und legte die Hand über den Mund. „Die ist mir rausgerutscht. Jetzt pass ich aber besser auf. Du bist dran, Le Sau."
Wir alle schauten zu, wie meine graue Filzkappe über die schmale Bucht hinwegschoss und hoch oben in einem Gestrüpp aus Wandelröschen landete. Danny und Dougie applaudierten jubelnd. [...]
„Keine Sorge, Kumpel", rief Barry Bagsley dem kleinen Moorfield-Schüler zu, „Fisch-Wal holt dir deine Kappe. Er liebt das Wasser." Dann stolzierte er zusammen mit Danny und Doug davon.
Der Moorfield-Junge und ich wechselten kein Wort, als wir uns unseren Weg die Uferböschung hinunter bahnten und seine durchnässte Kappe aus dem grünen, schleimigen Wasser zogen. [...] Ihr denkt vielleicht, ich wäre ziemlich zufrieden mit mir gewesen, aber den ganzen Heimweg über konnte ich nur an Barry Bagsleys grinsendes Gesicht denken, und alles, was ich spürte, waren die schmerzenden Knöchel meiner geballten Fäuste. Als ob rasiermesserscharfe Stahlklauen durchbrechen wollten.

A Die Aufgabenstellung richtig verstehen

1 **a** Markiere in der Aufgabenstellung auf Seite 4, was wichtig ist.
b Prüfe, ob du verstanden hast, was du machen sollst: Kreuze die richtigen Aussagen an.

Ich soll ...

- ☐ A in einem Brief Ismaels Verhalten in der Szene mit dem kleinen Jungen bewerten.
- ☐ B mich in Ismael hineinversetzen und aus seiner Sicht einen Brief schreiben.
- ☐ C Ismaels Charakter, seine Situation und die bisherigen Ereignisse im Roman beim Schreiben berücksichtigen.
- ☐ D in einem Brief sachlich über den Vorfall mit dem kleinen Jungen berichten.
- ☐ E Ismaels Gedanken und Gefühle ausdrücken und eine Sprache verwenden, die zu Ismael passt.

B Ideen sammeln

1 Halte fest, was in diesem Textausschnitt passiert. Unterteile ihn in drei Handlungsschritte und notiere dazu Zeilenangaben und die Inhalte in Stichpunkten. Arbeite die Notizen im Heft weiter aus.

1 *Ismael geht zu der Gruppe von Jungen (Z. 1–___)*
- *Barry und seine Freunde werfen die Kappe des Kleinen hin und her*
- *Ismael ist sehr nervös und ...*
- *...*

2 *Ismael unternimmt mehrere zaghafte Versuche, dem Jungen zu helfen (Z. ___–___)*
- *fordert Barry dreimal mündlich auf, dem Jungen die Kappe zurückzugeben*
- *...*

2 Die Situation ist stark angespannt. Gehe auch auf die Gefühle der beiden wichtigsten Figuren ein.

a Schildere, wie Ismael den kleinen Jungen wahrnimmt: Wie fühlt sich dieser, als er vor den großen Jungen steht und als Ismael ihm beisteht? Kreise mit zwei Farben passende Begriffe aus dem Wortspeicher ein.

Die Gefühle des kleineren Jungen:
- am Anfang: verzweifelt, ...
- als Ismael ihm hilft: erleichtert, ...

verzweifelt ▪ erleichtert ▪ übermütig ▪ alleingelassen ▪ hasserfüllt ▪ mutlos ▪ fröhlich ▪ hoffnungsvoll ▪ empört ▪ stark ▪ ängstlich ▪ schutzlos ▪ mutig ▪ entsetzt ▪ ermutigt ▪ selbstbewusst

b Beschreibe für Ismael auch die innere Handlung: Wie erlebt er den Vorfall? Wähle zu jedem der drei Handlungsschritte Begriffe aus dem Wortspeicher aus, die seine Gefühle beschreiben.

Ismaels Gefühle:
- Handlungsschritt 1: nervös, ...
- Handlungsschritt 2: zunehmend verzweifelt, ...
- Handlungsschritt 3: resigniert, ...

zunehmend verzweifelt ▪ selbstsicher ▪ übermütig ▪ nervös ▪ hasserfüllt ▪ wütend ▪ beschämt ▪ hoffnungsvoll ▪ empört ▪ hilflos ▪ gedemütigt ▪ unsicher ▪ unzufrieden ▪ stark ▪ ängstlich ▪ verwirrt ▪ schicksalsergeben ▪ entsetzt ▪ schwach ▪ resigniert

3 Finde nun mögliche Begründungen, warum Ismael in dieser Situation einschreitet und versucht, dem kleinen Jungen zu helfen. Folgende Fragen können dir bei der Ideenfindung helfen:
- Wie bewertet Ismael Barrys Verhalten gegenüber dem kleinen Jungen?
- Was empfindet Ismael dem kleinen Jungen gegenüber?
- Normalerweise geht Ismael Barry aus dem Weg, um Ärger zu vermeiden. Was könnte ihn dazu gebracht haben, hier anders zu handeln als sonst?

Vervollständige die angefangenen möglichen Begründungen und finde noch eigene.

Ismael greift ein, weil er es ____________________ findet, dass drei Jungen ____________________

____________________. Ismael ist selbst schon lange ein „Opfer" von Barry. Deshalb kennt er

____________________ und kann sich ____________________.

Er fühlt sich für ihn verantwortlich, weil ____________________.

Wenn Ismael einfach weglaufen würde, ____________________.

4 Notiere Ideen, warum Ismael am Ende doch nicht mit sich selbst zufrieden ist.
Tipp: Lies dazu den letzten Abschnitt des Textauszugs noch einmal genau durch.

Ismael hat den Jungen zwar nicht alleingelassen, aber ____________________

____________________. Am Schluss ist Barry ____________________

____________________ Ismael weiß nicht, ____________________

____

C Einen Schreibplan erstellen

1 Lege für den Text des Briefes im Heft eine Tabelle nach dem Muster unten an. Arbeite darin den Schreibplan aus.
Tipp: Beachte dafür die Aufgabenstellung auf Seite 4. Verwende auch deine Ergebnisse zu den Aufgaben von Seite 6.

Einleitung:	Anlass des Briefs:	*neue Gemeinheiten Barrys, diesmal aber anderes Opfer*
Hauptteil:	Kurze Erzählung des Vorfalls	
	Begründung des Einschreitens	
	Erklärung der eigenen Unzufriedenheit	
Schluss:	Ausblick auf Zukunft/ Wunsch	

D Schreibtraining: Aus Sicht einer Figur erzählen

1 Schreibe den Brief an Peter aus der Sicht Ismaels in der Ich-Form. Für den Hauptteil kannst du die Satzbausteine im Speicher verwenden. Setze Vergangenes ins Präteritum.

Beachte für die **Briefform:** Ort/ Datum, Anrede, Text des Briefes, Grußformel, Unterschrift.

Als Erstes erzähle ich dir kurz, was passierte: ... ▪ Dabei fühlte ich mich ... ▪
Du wirst dir schon denken, wie es schließlich ausging: ... ▪ Sicherlich fragst du dich, warum ... ▪
Zunächst fand ich es ... ▪ Auch wenn ich schon ahnte, dass ich nicht ... ▪
Ich konnte mich in den Kleinen natürlich gut hineinversetzen und er tat mir ... ▪
Außerdem fühlte ich mich für ihn ... ▪ Zu guter Letzt: Wäre ich weggelaufen, dann ... ▪
Leider war ich hinterher doch nicht wirklich zufrieden mit mir. Zwar habe ich den Kleinen ... ▪
Am Ende war Barry doch wieder ... ▪ Ich dagegen kam mir vor ...

E Den Brief überarbeiten

1 Überarbeite deinen Brief mit Hilfe der Checkliste. Musterlösung ▸ Lösungsheft, Seiten 3–4.

Checkliste

ja	nein	Kriterien
☐	☐	Habe ich die **Briefform** eingehalten (Ort/Datum, Anrede, Brieftext, Grußformel, Unterschrift)?
☐	☐	Habe ich die **Perspektive** Ismaels stets beibehalten und dabei in der **Ich-Form** geschrieben?
☐	☐	Habe ich alle **Inhaltspunkte** erfasst (Erzählen des Vorfalls, Begründen des Verhaltens, Erklären der Unzufriedenheit)?
☐	☐	Habe ich auch **innere Handlung** (Gedanken, Gefühle, Sinneswahrnehmungen) erzählt?
☐	☐	Habe ich die vergangenen Ereignisse im **Präteritum** verfasst?

Zu spät! – Einen Auszug aus einem Jugendroman schildernd fortsetzen

Stell dir vor, du erhältst in der nächsten Schulaufgabe folgende Aufgabenstellung:

Der folgende Auszug aus dem Roman „Wie ein unsichtbares Band“ bricht plötzlich ab. Setze den Textauszug mit Hilfe der beiden folgenden Schreibideen schildernd fort. Berücksichtige die Ich-Erzählform und das Tempus der Vorlage.

Inés Garland (* 1960)

Wie ein unsichtbares Band (2013, Auszug)

Die Familie der Ich-Erzählerin Alma besitzt ein Ferienhaus auf einer Insel im Río de la Plata, in dem die reichen Städter ihre Wochenenden verbringen. Alma ist schon lange mit Carmen befreundet, die in ärmlichen Verhältnissen auf der Insel lebt. Ihren 15. Geburtstag[1] *feiert Alma mit den Freundinnen und Freunden aus der Stadt im Ferienhaus.*

Kurz vor der Ankunft meiner Gäste nahmen wir im Fluss ein Bad mit Shampoo und einer Seife mit Rosenduft, die Carmen extra gekauft hatte, und als wir ein Motorengeräusch auf unserem Flussarm näherkommen hörten, lief sie schnell davon, um sich umzuziehen. Ich war schon fertig und stellte mich an die Anlegestelle, um meine Gäste zu begrüßen. Ich war so aufgeregt, dass meine Lippen zu zittern begannen, und hätte alles darum gegeben, wenn Carmen bei mir gewesen wäre. Als Erste stieg Lucila Atkins aus, die sehr beliebt war und zum schönsten Mädchen der Klasse gekürt worden war. Ich war nicht mit Lucila befreundet, aber wir alle hätten sie gern zur Freundin gehabt. [...]

Nacheinander stiegen die übrigen Gäste aus, alle hatten mir ein Geschenk mitgebracht und schienen sich zu freuen, hier zu sein. Mama führte die Jungen in ein Zimmer und die Mädchen in die anderen beiden, und das Haus füllte sich mit Geschrei, als wir uns die Badeanzüge anzogen. Dann liefen wir zum Steg, die Jungen stürzten sich kopfüber ins Wasser, spritzten die Mädchen nass, die sich auf die Stufen gesetzt hatten, schrien sich etwas zu, forderten sich gegenseitig heraus. Manche der Mädchen trauten sich, in den Fluss zu steigen, andere beäugten das Wasser misstrauisch, alle äußerten sich begeistert über die Insel, über *meine* Insel. [...]

Als Carmen kam, sah ich sie nicht. Ich stieg gerade aus dem Wasser, und einer der Jungen, ich weiß nicht mehr, welcher, hielt mich am Fuß gepackt, damit ich nicht die Stufen hinaufgehen konnte. Lucila beugte sich übers Geländer. Sie hatte sich in ein rosarotes Handtuch gewickelt und kämmte sich das Haar.

„Besuch für dich, Alma.“ Sie machte ein komisches Gesicht, voller Spott.

Das konnte Carmen nicht sehen, aber diejenigen, die im Wasser und auf den Stufen waren, reckten die Hälse, um herauszufinden, worüber Lucila sich lustig machte. Carmen stand wartend am einen Ende des Bootsstegs. Sie hatte sich angezogen wie fürs Tanzen im Club Felicaria und sah so anders aus als alle anderen, so lächerlich mit ihrem glitzernden Kleid, ihrer Frisur und ihren rosa geschminkten Lippen, dass ich spürte, wie meine ganze Welt zusammenbrach. Jemand lachte.

„Ah, hallo Carmen“, sagte ich oder rief ich vielmehr und winkte ihr mit hocherhobenem Arm.

Es gibt Dinge, die sich in einer Sekunde abspielen, aber riesigen Raum einnehmen, als würde das Gedächtnis sie in Zeitlupe abspeichern. Meine Stimme hatte schrill geklungen, falsch, mein Ton hatte allen gesagt, dass Carmens Auftauchen mich überrascht hatte, als hätte sie sich selbst eingeladen. Meine Begrüßung hatte klar zu verstehen gegeben, dass ich nicht viel mit ihr zu tun hatte. Und jetzt war es zu spät, um es zurückzunehmen. Carmen hatte mich auch gehört.

„Ich sehe nach, ob deine Mutter Hilfe braucht“, sagte sie, und ehe ich reagieren konnte, drehte sie sich um und war fort.

Ich stieg aus

dem Wasser und rannte die Stufen hinauf, aber sie war bereits im Haus verschwunden, und ich blieb triefend stehen, umringt von denen, die bis zu diesem Tag nie meine Freunde gewesen waren. Jetzt waren sie Zeugen meines Verrats geworden, und dabei begriffen sie nicht einmal, was ich gerade getan hatte.

[1] In Lateinamerika ist der 15. Geburtstag eines Mädchens, Quincenaria genannt, ein wichtiges gesellschaftliches Ereignis.

Schreibideen

Handlungsschritt 1: Alma auf dem Steg
- Die Klassenkameraden starren Alma an.
- Innerer Konflikt: Sich zu Carmen als Freundin bekennen oder die Herablassung der anderen teilen.
- Alma kann sich zu keiner Reaktion durchringen und schweigt.
- Sie läuft schließlich zu Carmen in die Küche, dabei hört sie Lucilas Spott über Carmens Kleid.

Handlungsschritt 2: Alma in der Küche
- Alma beobachtet Carmen, die Brot vorbereitet: Verhalten, Körperhaltung und Mimik sind abweisend.
- Alma hat ein schlechtes Gewissen.
- Es gelingt ihr nicht, die Sache ins Reine zu bringen; Carmen geht nach Hause.
- Alma hat Angst, Carmen als Freundin verloren zu haben.

A Die Aufgabenstellung richtig verstehen

1 **a** Markiere in der Aufgabenstellung auf Seite 8 sowie bei den Schreibideen oben, was wichtig ist.
b Prüfe, ob du verstanden hast, was du machen sollst: Kreuze die richtigen Aussagen an.

Ich soll ...

- ☐ A den Textauszug in einer Mischung aus Bericht und Ich-Erzählung fortsetzen.
- ☐ B mich in Alma hineinversetzen und aus ihrer Sicht schreiben.
- ☐ C die Schreibideen aufgreifen und dabei vor allem die Stimmung bzw. die Situation anschaulich ausmalen.
- ☐ D den Textauszug möglichst spannend fortsetzen.
- ☐ E schildern, d. h. den Schwerpunkt nicht auf die Handlung legen, sondern vor allem Almas Wahrnehmungen, Gedanken und Gefühle ausdrücken.
- ☐ F prüfen, in welchem Tempus der Textauszug verfasst ist, und diese Zeitform beibehalten.

B Ideen für den Schreibplan sammeln und ordnen

1 Erweitere die Schreibidee für den Handlungsschritt 1 „Alma auf dem Steg“.
a Lies den Textauszug ab Zeile 35 noch einmal und markiere Stellen, die wichtig sind, um die Situation zu erfassen.
b Stelle dir die Situation und die Stimmung auf dem Steg vor, nachdem Alma Carmen „verraten“ hat. Unterstreiche die Beschreibungen, die du für deine Schilderung gut geeignet findest.

Die Klassenkameraden drängen sich dicht im Kreis um Alma und starren sie an / stehen in Grüppchen auf dem Steg und starren immer wieder einmal zu Alma hinüber.

Die Blicke der anderen sind voller Mitleid und Sympathie / Neugier und Verwunderung / Abneigung und Kälte.

Die Stimmung ist geprägt von Spannung / Ungezwungenheit / Ausgelassenheit / Aggressivität.

Alma ist vor den Kopf gestoßen und verletzt / in einem Zwiespalt der Gefühle.

Erzählerische Mittel gestalten eine Schilderung **ausdrucksvoll, bildhaft und abwechslungsreich,** z. B. anschauliche Adjektive/Partizipien, treffende Verben, Gedankenrede, wörtliche Rede, **sprachliche Bilder,** z. B.:

- **Vergleich:** Verknüpfung mit „wie“ oder „als ob“, z. B. *schmerzhaft wie Peitschenhiebe,*
- **Metapher:** Sinnbild mit übertragener Bedeutung, z. B. *Nussschale* als Sinnbild für kleines Boot,
- **Personifikation:** Vermenschlichung von Gegenständen, Begriffen oder der Natur, z. B. *der Himmel weinte.*

2 Arbeite die innere Handlung aus: Lege im Heft vergrößert eine Tabelle an und arbeite sie aus.

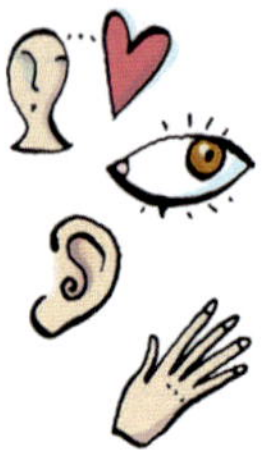

Sinneseindrücke und Gefühle ausdrücken	Erzählideen	erzählerische Mittel
Was denkt / empfindet Alma?	…	…
Was sieht sie?	…	…
Was hört sie?	…	…
Was fühlt sie?	…	…

Versetze dich in Almas Lage und trage Erzählideen zu den Sinneswahrnehmungen ein. Anregungen findest du im Speicher unten. Ergänze sie mit eigenen Ideen.

Kälte ▪ Wunsch, von den Freunden aus der Stadt gemocht zu werden ▪ Klatschen des Flusswassers gegen den Steg ▪ Blicke der anderen ▪ Lucilas bissige Bemerkung über Carmens Kleid ▪ tiefer Schmerz ▪ Verwirrung ▪ nasse Haut ▪ Scham über den Verrat ▪ das Lachen der anderen

Trage für Almas Wahrnehmungen, Gedanken und Gefühle erzählerische Mittel ein. Der Speicher hilft dir.

Adjektive/Partizipien: billig ▪ altmodisch ▪ dunkelgrün ▪ schallend ▪ brüllend ▪ gemein ▪ entsetzt ▪ still

Verben: frösteln ▪ erstarren ▪ wegschauen ▪ rennen ▪ eilen ▪ schweigen

sprachliche Bilder: (nicht) über die Lippen kommen ▪ glitzern wie ein Weihnachtsbaum ▪ wie feine Nadelstiche auf der Haut ▪ zu Stein erstarrt ▪ Gedanken schwirren im Kopf herum ▪ wie Messerstiche mitten ins Herz

3 Erweitere die Schreibidee für den Handlungsschritt 2: Alma und Carmen stehen sich gegenüber.

a Überlege: Woran erkennt Alma, wie sich Carmen fühlt? Wie kannst du Carmens Verhalten, die Körperhaltung und ihre Mimik schildern? Notiere weitere Ideen.

Verhalten: wirkt abweisend, blickt nicht auf, ______

Körperhaltung: steht kerzengerade, ______

Mimik: verschlossener Gesichtsausdruck, ______

b Alma spricht Carmen an, zugleich gehen ihr Gedanken im Kopf herum.
Notiere im Heft: Was könnte sie sagen oder denken?

Ideen für wörtliche Rede

Ideen für Gedankenrede

C Schreibtraining

1 **a** Kreuze das Tempus an, in dem der Auszug auf Seite 8 geschrieben ist.

☐ Präsens ☐ Präteritum ☐ Futur

Die **Gedankenrede** gibt Einblick in die unmittelbaren Denkprozesse einer Figur.

b Gestalte für die Szene in der Küche Almas Gedankenrede aus, indem du ausdrucksstarke Verben einträgst.

ein Gedanke durchfährt ... ▪ verwirrt sein ▪ schmerzhaft klar werden ▪ nach den richtigen Worten suchen ▪ durch den Kopf schießen/gehen ▪ sich winden ▪ sich fragen ▪ sich das Hirn zermartern

„Lass das doch. Du musst doch nicht noch weiter bei den Vorbereitungen helfen!", brachte ich schließlich hervor. Carmen schwieg. ______________________________, dass ich sie nicht verlieren wollte. Ich ______________________________. Ich wollte etwas zu der Situation vorhin sagen, mich entschuldigen, Carmen die Sache erklären und irgendwie ins Reine bringen. Aber die Formulierungen, ______________________________, verhedderten sich wie die verworrenen Fäden eines Wollknäuels. Carmen hielt den Blick starr gesenkt. Ihre abweisende Art hielt mich davon ab, zu sprechen. Schweigend verharrte ich auf meinem Beobachtungsposten an der Tür.

D Die Schilderung überarbeiten

1 Dieser Anfang der Fortsetzung ist nicht gut gelungen. Lies ihn und notiere Ideen zur Ausgestaltung. Schreibe die Verbesserungen ins Heft.

Die Klassenkameraden drängten sich um mich herum und starrten mich an. Unter unseren Füßen spürten wir die Bretter des Holzstegs. Dumpf drang das Geschrei der Papageien aus dem Urwald. Die anderen schauten mich an. Unser Motorboot war fest am Steg vertäut. Niemand bewegte sich.

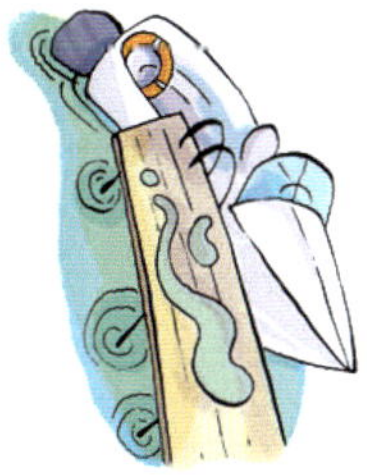

2 **a** Schreibe den Text verbessert in dein Heft und arbeite die Schilderung vollständig aus.
b Überarbeite deine Schilderung mit Hilfe der Checkliste. Musterlösung ▸ Lösungsheft, Seiten 5–6.

Checkliste

ja	nein	Kriterien
☐	☐	Habe ich die **Perspektive** Almas stets beibehalten und dabei in der **Ich-Form** geschrieben?
☐	☐	Habe ich Almas **Gedanken, Gefühle und Wahrnehmungen** ausführlich dargestellt?
☐	☐	Habe ich für die Schilderung von Situation und Stimmungen **bildhafte Sprache, anschauliche Adjektive** und Partizipien sowie **ausdrucksstarke Verben** verwendet?
☐	☐	Habe ich im **Präteritum** geschrieben?
☐	☐	Habe ich **Rechtschreibung** und **Zeichensetzung** korrigiert?

Teure Kleidung in der Schule verbieten? – In einem Leserbrief Stellung nehmen

Stell dir vor, du erhältst in der nächsten Schulaufgabe folgende Aufgabenstellung:

Die Schülerzeitung berichtet über eine neue Regel für die Hausordnung eurer Schule: Schülerinnen und Schülern soll in der Schule das Tragen von Luxuskleidung verboten werden. Begründet wird die Regel damit, dass auffallend teure Markenkleidung soziale Ab- und Ausgrenzung mit sich bringe, weil nicht alle Schülerinnen und Schüler gleichermaßen viel Geld für Kleidung ausgeben könnten.

1. Schreibe einen Leserbrief an die Schülerzeitung, in dem du Stellung zu der neuen Regel nimmst. Der Umfang soll ca. 250 Wörter betragen.
2. Entkräfte in deinem Leserbrief einen Einwand und schließe ihn mit einem Wunsch oder einem Vorschlag ab.

A Die Aufgabenstellung richtig verstehen

1 a Markiere in der Aufgabenstellung, was wichtig ist.
b Kreuze für jede der folgenden Aussagen an, ob sie zutrifft oder nicht.

Ich soll ...	trifft zu	trifft nicht zu
A verschiedene Meinungen über die neue Regel gegenüberstellen.	☐	☐
B meine Meinung über die neue Regel begründet darlegen.	☐	☐
C Gegenargumente zu meiner Meinung außer Acht lassen.	☐	☐
D ein Gegenargument zu meiner Meinung entkräften.	☐	☐

2 Kreuze die strittige Frage an, zu der du Stellung nehmen sollst.

Beim Argumentieren versucht man, seine Meinung bzw. seinen **Standpunkt zu einer strittigen Frage** überzeugend zu begründen.

☐ A Soll das Tragen von zu billiger Kleidung an deiner Schule verboten werden oder nicht?
☐ B Soll das Tragen von Luxuskleidung für Schüler/-innen an deiner Schule verboten werden oder nicht?
☐ C Soll das Tragen von Luxuskleidung für Lehrer/-innen an deiner Schule verboten werden oder nicht?

B Ideen für Begründungen finden und gewichten

1 Lege deine Meinung bzw. deinen Standpunkt zu der oben angekreuzten strittigen Frage fest, indem du den folgenden Satzanfang vervollständigst.

Ich bin der Meinung, dass ______________________________

____

____

2 a Ergänze eine weitere Begründung, die **für** ein Verbot von Luxuskleidung spricht.
b Ergänze für jede Begründung ein anschauliches Beispiel.

Beispiele für Begründungen müssen a**us naheliegenden Lebensbereichen** stammen und gut **nachvollziehbar** sein.

Nr.	Pro-Begründungen (= für ein Verbot von Luxuskleidung in der Schule)	Beispiele (Stichworte)
___	Schüler/-innen könnten sich nicht mehr wegen ihrer teuren Markenkleidung in den Mittelpunkt stellen.	St.-Anna-Gymnasium → Kleiderordnung funktioniert vorbildlich
___	Schüler/-innen mit preiswerter Kleidung müssten sich nicht abgewertet fühlen.	___
___	___	___
___	___	___

3 a Ergänze eine weitere Begründung, die **gegen** ein Verbot von Luxuskleidung spricht.
b Ergänze für jede Begründung ein anschauliches Beispiel.

Nr.	Kontra-Begründungen (= gegen ein Verbot von Luxuskleidung in der Schule)	Beispiele (Stichworte)
___	Persönlichkeitsrecht/Grundgesetz (Art. 2,1): Jeder Mensch hat das Recht, seine Individualität auszuleben.	erfolgreiche Klagen in Einzelfällen
___	Wo teure Luxuskleidung verboten ist, werden andere Statussymbole genutzt werden.	___
___	___	___
___	___	___

4 Gewichte die Begründungen nach ihrer Überzeugungskraft. Beginne jeweils mit der schwächsten Begründung (Nr. 1). Notiere dazu Nummern von 1 bis 3 in der linken Spalte der Tabelle.

C Schreibtraining

1 Formuliere das schwächste Argument gegen deinen Standpunkt (Nr. 1) aus der Tabelle oben mit Hilfe des Tipps rechts aus. Orientiere dich an dem Beispiel unten und an dem folgenden Dreischritt:
1) Behauptung → 2) Begründung → 3) Beispiel.
Schreibe in dein Heft.

Argumentieren
Ein gutes Argument besteht aus einer überzeugenden **Behauptung,** die durch eine nachvollziehbare **Begründung** gestützt und durch ein verständliches **Beispiel** veranschaulicht wird.

1) Es ist nicht sinnvoll, das Tragen teurer Kleidung in der Schule zu verbieten,
2) **weil** Schülerinnen oder Schüler, die den Reichtum des Elternhauses zeigen wollen, auf andere Statussymbole ausweichen werden.
3) Erst gestern **zum Beispiel** habe ich im Schulbus einen Mitschüler mit alten Jeans, aber einem nagelneuen Smartphone gesehen.

2 Verbinde jede Verknüpfung links mit der passenden Verwendung in der Stellungnahme rechts, indem du Linien ziehst.

Sprachliche Verknüpfungen

a Viele glauben, dass ...
b Der Grund dafür ist/lautet ...
c Das habe ich selbst erlebt, als ...
d Darüber hinaus sollte man bedenken, dass ...
e Eine aktuelle Umfrage zeigt, dass ...
f Grundsätzlich gilt, ...
g Ein Beispiel dafür ist, ...
h Hinzu kommt, dass ...
i Das zeigt sich vor allem daran, dass ...
k Mein stärkstes Argument für ... ist ...
l Für/Gegen ... spricht zudem ...
m weil/da/deshalb/denn

Verwendung in der Stellungnahme

A Behauptungen aufstellen

B Zu Argumenten hinführen

C Begründungen einleiten

D Beispiele einleiten

3 **a** Wähle auf Seite 13 bei Aufgabe 2 oder 3 deinem eigenen Standpunkt entsprechend ein Argument aus, das du im Leserbrief entkräften möchtest.
b Wähle eine der folgenden Formulierungshilfen aus und entkräfte das Argument in deinem Heft.

Natürlich kann man nun einwenden, dass ... ▪ Aber hier gilt es vor allem zu bedenken, dass ... ▪
Es steht außer Frage, dass ... ▪ Aber ich habe andererseits die Erfahrung gemacht, dass ... ▪
Nun mag man der Meinung sein, dass ... ▪ Es darf aber nicht übersehen werden, dass ...

D Den Schreibplan erstellen

1 Lege einen Schreibplan für deine Stellungnahme fest, die sich entweder für oder gegen das Verbot von Luxuskleidung in der Schule stark macht. Übertrage die Tabelle ganzseitig in dein Heft und trage in der rechten Tabellenspalte Schreibideen für deine Stellungnahme ein.

	Aufbau der Argumentation	Schreibideen (Entwurf)
Einleitung	**Betreffzeile**	*Schülerzeitungsbeitrag zum Thema ... vom ...*
	Anrede	*Sehr geehrte Mitglieder der Schülerzeitungsredaktion,*
	Anlass des Leserbriefs	*mit Interesse habe ich ... gelesen*
	Nennung der **strittigen Frage**/ Überleitung zum Hauptteil	*Ich möchte meine Meinung zu dieser Frage ...*
Hauptteil	**Eigene Meinung/Standpunkt**	*Ich vertrete die Auffassung, dass ...*
	starkes Argument	*Ein wichtiges Argument (dagegen/dafür) ist ...*
	stärkstes Argument	*Hinzu kommt, dass ...*
	Einwand entkräften	*Gegner halten ... entgegen/Befürworter betonen, aber dennoch ...*
Schluss	Wunsch oder Vorschlag	*Ich wünsche mir für unsere Schule ...*
	Grußformel	*Mit freundlichen Grüßen*
	Unterschrift	...

E Den Leserbrief überarbeiten

1 Im folgenden Entwurf für einen Leserbrief, der gegen ein Verbot von Luxuskleidung in der Schule argumentiert, sollen Gegenargumente entkräftet werden. Er wirkt sprachlich sehr abgehackt.
Verbessere den Auszug, indem du die Sätze durch passende Formulierungshilfen verknüpfst. Auch Umstellungen sind erlaubt.

> [...] Strategien gegen soziale Ausgrenzung in der Schule sind richtig. Ein Verbot auffallend teurer Kleidungsmarken ist hierbei nicht hilfreich. Es ist nämlich möglich, auf andere Statussymbole auszuweichen. Das zeigen teure Armbanduhren. Nicht wenige definieren ihre soziale Gruppe auch über die digitalen Endgeräte. Dies belegt eine aktuelle Umfrage unter Jugendlichen. Die Schule muss diesen Absichten zur sozialen Ausgrenzung etwas entgegensetzen. Sie muss die Jugendlichen auf ein soziales Miteinander vorbereiten. Verbote bieten Jugendlichen in aller Regel eher gegenteilige Anreize. Sie werden sich mit Erfindungsreichtum darüber hinwegsetzen. [...]

2 a Verfasse einen vollständigen Leserbrief an die Redaktion der Schülerzeitung, in dem du Stellung zu der strittigen Frage nimmst, ob Luxuskleidung in der Schule verboten werden sollte oder nicht.
b Überarbeite deinen Leserbrief mit Hilfe der Checkliste. Musterlösung ▸ Lösungsheft, Seite 8.

Checkliste

ja	nein	Kriterien
☐	☐	Habe ich in der **Einleitung** knapp den Anlass des Leserbriefs erklärt?
☐	☐	Habe ich meinen **Standpunkt** zum Thema deutlich genannt?
☐	☐	Sind im **Hauptteil** meine **Argumente vollständig?** Habe ich die Behauptungen durch überzeugende Begründungen und anschauliche Beispiele gestützt?
☐	☐	Habe ich ein **Gegenargument** angeführt und glaubhaft entkräftet?
☐	☐	Habe ich im **Schluss** meine Meinung zusammengefasst und einen Vorschlag genannt?
☐	☐	Habe ich mich **sachlich ausgedrückt** und abwechslungsreiche **Verknüpfungen** verwendet?
☐	☐	Habe ich **Rechtschreibung** und **Zeichensetzung** kontrolliert?

Sollte man Kaugummikauen in der Schule erlauben? – Eine Stellungnahme an die Schulleitung schreiben

Stell dir vor, du erhältst in der nächsten Schulaufgabe folgende Aufgabenstellung:

Am Lise-Meitner-Gymnasium wird darüber nachgedacht, Kaugummikauen in der Schule grundsätzlich zu erlauben. Verfasse auf Grundlage der folgenden vier Kurzinterviews aus der Schülerzeitung eine E-Mail mit einer schriftlichen Stellungnahme an die Schulleiterin Frau Timmermann. Begründe darin deine Position überzeugend und entkräfte ein Gegenargument.

Herr Ludwig, Hausmeister des Lise-Meitner-Gymnasiums:

„Seitdem der Kiosk in der Nähe der Schule geöffnet hat, essen unsere Schülerinnen und Schüler immer mehr Süßigkeiten anstelle von Pausenbroten. Insbesondere Kaugummis sind gefragt. Persönlich kann ich das ja verstehen, ich kaue auch manchmal gern einen Kaugummi, aber unsere Schülerinnen und Schüler spucken ihre Kaugummis leider einfach aus. Man bekommt sie kaum ab – weder vom Boden noch von den Schuhen. Überall werden die Kaugummis hingeklebt, wenn sie nicht mehr schmecken, auch unter Tische und Stühle. Für unsere Putzkolonne ist das eine echte Sauerei! Kaugummis halten nämlich ewig! Wenn ich Rabauken dabei erwische, wie sie Kaugummis achtlos ausspucken oder irgendwo hinkleben, dürfen sie gleich nach der Schule alle Kaugummis von den Tischen und Stühlen einer Klasse abkratzen, damit sie merken, was das für eine hartnäckige Verschmutzung ist. Manchmal müssen wir sogar neue Tische und Stühle anschaffen. Und weil selten herauszufinden ist, wer der emsige Kaugummi-Kleber ist, muss das in der Regel der Schulträger von unseren Steuern bezahlen. In Deutschland werden jährlich 900 Millionen Euro für die Entfernung von Kaugummiresten ausgegeben – ich würde dafür lieber mehr junge Lehrkräfte einstellen. Aber so weit denken die Übeltäter natürlich nicht."

Prof. Dr. Irmgard Kau-Schlau, Wissenschaftlerin:

„Unser Forschungsteam beschäftigt sich seit einigen Jahren intensiv mit der Konzentrationsforschung. Unlängst haben wir uns daher mit dem Kaugummikauen befasst. In Experimenten konnten wir vor allem zweierlei feststellen:

1. Regelmäßige Kaubewegungen fördern die Durchblutung im Kopf und regen so die Aktivität im Gehirn an. Dies führt zu einer Steigerung des Konzentrationsvermögens. Es ließ sich nachweisen, dass 50% der Versuchspersonen, die während des Testes Kaugummi gekaut haben, sich besser an Begriffe, Bilder und Telefonnummern erinnern konnten als die Vergleichsgruppe ohne Kaugummi – für Schulen eine wichtige Erkenntnis.
2. In Bezug auf Mundhygiene und Zahnpflege hat sich gezeigt, dass Kaugummikauen außerdem vor Karies schützt. Nach dem Essen bilden sich im Mundraum schädliche Kariesbakterien. Da durch das Kaugummikauen die Speichelbildung angeregt wird und der Speichel die Zähne schützt, werden schädliche Säuren verdünnt und Bakterien abgewehrt. Wichtig ist natürlich, dass das Kaugummi keinen Zucker enthält. Es kann allerdings regelmäßiges Zähneputzen nicht ersetzen."

Frau Störlich, Lehrerin des Lise-Meitner-Gymnasiums:

„Der Hausmeister hat Recht: Kaugummikauen in der Schule darf nicht erlaubt werden. Es lenkt die Schülerinnen und Schüler ohnehin nur vom Unterricht ab, denn durch lautes Schmatzen oder zerplatzende Blasen entstehen nur zusätzliche Störungen. Mit vollem Mund sprechen die Schülerinnen und Schüler außerdem häufig so undeutlich, dass nicht einmal mehr die Sitznachbarn die Wortmeldung verstehen – kein Wunder, wenn sie z. B. in den Fremdsprachen schlechte mündliche Noten bekommen, denn hier kommt es auf deutliche Aussprache an. Davon abgesehen gibt es eine echte Gefahr: Neulich hat eine Schülerin beim Turnen auf dem Sportfest ihren Kaugummi verschluckt und wäre uns fast erstickt. Solche Unfälle dürfen wir nicht riskieren!"

Marcus, Schüler des Lise-Meitner-Gymnasiums:

„Kaugummikauen ist einfach cool! Es gibt so leckere, verschiedene Geschmackssorten, nicht nur Pfefferminz, sondern auch Erdbeer, Zitrone oder Cola. Am besten sind die Blasen, die man damit machen kann, die so schön laut platzen! Untereinander machen wir daraus oft einen Wettbewerb: Wer die größte Blase machen kann, gewinnt. Da muss man sich schon mal ein ganzes Päckchen in den Mund schieben für den ersten Platz. Außerdem finde ich es echt angenehmer, wenn mein Banknachbar frischen Atem hat und ich nicht die ganze Zeit riechen muss, was er gestern Abend gefuttert hat. Wenn ich besonders aufmerksam sein will, beiße ich gern auf einem Kaugummi herum. Dann ist es auch ziemlich egal, wie er schmeckt. Andere essen Traubenzucker, aber das ist mir zu süß. Ich verstehe nicht, warum man das verbieten will. Schließlich kennt doch jeder den Werbespruch: ‚Kau dich schlau!' Ich finde, es stimmt: In Tests oder Klassenarbeiten würde mir Kaugummikauen helfen."

A Die Aufgabenstellung richtig verstehen

1 a Markiere in der Aufgabenstellung, was wichtig ist.
b Kreuze an, welche Arbeitsschritte für die Lösung der Aufgabe hilfreich sind und welche nicht.

Ich soll für meine Stellungnahme ...

		hilfreich	nicht hilfreich
	A ... nur die Interviews gründlich durchlesen, deren Meinung ich teile.		
	B ... meine Meinung durch hier genannte und eigene Begründungen darlegen.		
	C ... die in den Interviews enthaltenen Begründungen farbig unterstreichen.		
	D ... Begründungen für oder gegen das Kaugummikauen getrennt auflisten.		
	E ... in meiner Stellungnahme ein Gegenargument entkräften.		
	F ... meine eigene Meinung zu dem Thema finden und formulieren.		
	G ... nur eigene Begründungen finden und die Begründungen anderer kritisieren.		

2 Notiere bei Aufgabe 1 in den Kästchen links, in welcher Reihenfolge du die hilfreichen Arbeitsschritte sinnvollerweise durchführen würdest.

B Ideen sammeln

1 Lies die Interviews (S. 16–17) erneut und kreuze an: Wer befürwortet das Kaugummikauen in der Schule?

Das Kaugummikauen befürworten ...

A ☐ Frau Dr. Kau-Schlau (Wissenschaftlerin)
B ☐ Frau Störlich (Lehrerin)
C ☐ Herr Ludwig (Hausmeister)
D ☐ Marcus (Schüler)

2 Lies die vier Interviews genauer. Markiere die Begründungen, die sie für bzw. gegen das Kaugummikauen anführen in zwei verschiedenen Farben.

Begründungen finden und gewichten

3 **a** Notiere in der Tabelle vier wichtige Begründungen aus den Interviews, die **für** Kaugummikauen sprechen.
b Fallen dir weitere Begründungen ein, die **für** Kaugummikauen in der Schule sprechen? Ergänze sie.

Nr.	Pro-Begründungen (= für Kaugummikauen)	Beispiele

4 **a** Notiere in der Tabelle vier wichtige Begründungen aus den Beiträgen, die **gegen** Kaugummikauen sprechen.
b Kennst du weitere Begründungen, die **gegen** Kaugummikauen in der Schule sprechen? Ergänze sie.

Nr.	Kontra-Begründungen (= gegen Kaugummikauen)	Beispiele

5 Ergänze in der rechten Spalte beider Tabellen ein anschauliches Beispiel für jede Begründung.

6 Gewichte die Begründungen nach ihrer Überzeugungskraft. Beginne jeweils mit der schwächsten Begründung (= Nr. 1). Notiere dazu Nummern von 1 bis 5 in der linken Spalte der Tabelle.

Die eigene Meinung (Position) formulieren und kurz begründen

7 **a** Lege deine Position fest, indem du in der ersten Zeile im Rahmen Zutreffendes umkreist: Was denkst du selbst, nachdem du Pro- und Kontra-Begründungen kennst?
b Vervollständige den folgenden Satz so, dass er deine Meinung überzeugend begründet.

> **Einleitungen für Begründungen:**
> Das zeigt sich vor allem daran, dass ... –
> Der Grund dafür/dagegen ist/lautet ... –
> ..., weil/da/daher/deshalb/denn.

1) *Ich denke, Kaugummikauen sollte in der Schule* [*erlaubt/verboten*] *sein,* ______________

2) *weil* ______________.

3) *Zum Beispiel* ______________

____

C Schreibtraining

Argumente überzeugend aufbauen

1 Formuliere das schwächste Argument **gegen** deine Position (Nr. 1) aus der Tabelle auf Seite 18 mit Hilfe des Tipps rechts aus. Orientiere dich an dem Beispiel unten und an dem folgenden Dreischritt:
1) Behauptung → 2) Begründung → 3) Beispiel.

> **Argumentieren**
> Ein gutes Argument besteht aus einer überzeugenden **Behauptung,** die durch eine nachvollziehbare **Begründung** gestützt und durch ein verständliches **Beispiel** veranschaulicht wird.

1) *Kaugummis richten große Schäden durch dauerhafte Verschmutzung an, ...*
2) *weil sie oft unter Tische und Bänke geklebt werden.*
3) *So bin ich beispielsweise erst gestern wieder auf dem Pausenhof in einen Kaugummi getreten, der sich kaum noch von der Sohle entfernen ließ.*

1) ______________

2) ______________

3) ______________

____

2 **a** Verbinde drei **Kontra**-Argumente mit Hilfe der Satzverknüpfungen in aufsteigender Gewichtung zu einer Argumentationskette. Arbeite in deinem Heft.
b Übe dasselbe Vorgehen anhand von den drei **Pro**-Argumenten. Arbeite in deinem Heft.

zunächst *erst einmal* *als Erstes* *wichtig*	schwache Behauptung + Begründung + Beispiel	*ferner* *darüber hinaus* *als Zweites* *noch wichtiger*	stärkere Behauptung + Begründung + Beispiel	*weiter* *zu guter Letzt* *als Drittes* *entscheidend*	stärkste Behauptung + Begründung + Beispiel

D Den Schreibplan erstellen

1 Überlege dir nun den Schreibplan für eine Stellungnahme, die sich entweder **für** oder **gegen** das Kaugummikauen stark macht. Ergänze dazu erste Schreibideen in den Feldern in der rechten Tabellenspalte.

	Aufbau der Argumentation	Schreibideen (Entwurf)
Einleitung	**Betreffzeile**	*Schülerzeitungsbeiträge zum Thema „Kaugummikauen in der Schule“ vom 23.4.20XX*
	Anrede	*Sehr geehrte Frau Timmermann,*
	Anlass der Stellungnahme in der E-Mail ↓	*aus den in der Schülerzeitung veröffentlichten Kurzinterviews geht hervor, dass ...*
	die **strittige Frage** nennen (z. B. Hinweis auf die Interviews oder eine bestimmte Situation): ↓	
Hauptteil	**Eigene Meinung** ↓	*Meiner Meinung nach ...* *Folgende Gründe sprechen dafür:*
	mittelstarkes Argument (mit Behauptung, Begründung und Beispiel): ↓	*1. Zunächst ...*
	starkes Argument (mit Behauptung, Begründung und Beispiel): ↓	*2. Wichtiger erscheint mir jedoch ...*
	stärkstes Argument (mit Behauptung, Begründung und Beispiel): ↓	*3. Entscheidend ist meiner Ansicht nach, ...*
	Einwand entkräften ↓	*Sicherlich kann man einwenden, dass ...* *Dennoch darf nicht übersehen werden, dass ...*
Schluss	**Zusammenfassung** des eigenen Standpunkts und Vorschlag oder Wunsch an die Schulleitung:	*Aus den genannten Gründen komme ich zu dem Schluss, dass ...* *und würde mir wünschen, dass ...*
	Grußformel und Unterschrift	*Mit freundlichen Grüßen*

E Die Argumentation überarbeiten

1 Lies die beiden Einstiege. Begründe kurz: Welcher ist für die Stellungnahme an die Schulleitung eher geeignet?

*Sehr geehrte Frau Timmermann,
als Schülervertreter wundert es uns, dass die Diskussion um das Kaugummikauen, die gerade erst zum Verbot führte, nun in der Schülerzeitung wieder diskutiert wird. Schule soll erziehen, und das erfordert eindeutige Regeln, die auch auf Dauer Bestand haben. Unserer Ansicht nach sprechen jedoch überzeugende Gründe dafür, an einem Verbot festzuhalten: ...* **A**

*Liebe Frau Timmermann,
die Kurzinterviews aus der Schülerzeitung haben unserer Klasse echt zu denken gegeben. Wir haben uns die Köpfe heiß diskutiert und sind uns total einig: Wo es um Leistung geht, muss Kaugummikauen erlaubt sein, Jogi Löw tut das schließlich auch bei jedem Wettkampf. Wir sind dafür, Kaugummikauen in der Schule grundsätzlich wieder zu erlauben, und zwar aus folgenden Gründen: ...* **B**

Einstieg ______ eignet sich besser für eine offizielle E-Mail, da ...

____

2 Hier findest du zwei unterschiedliche Entwürfe für einen Schluss. Lies sie und überlege, welcher Schluss dich als Schulleiterin sprachlich weniger ansprechen würde. Begründe kurz.

____

Kurz und gut: Ich denke, bei so viel Kohle nur für die Entfernung widerlich klebriger Kaugummireste ist die Lösung sonnenklar: Liebe Frau Timmermann, im Interesse aller fordere ich Sie auf, ein Machtwort zu sprechen und das blöde Kaugummigekaue auf dem gesamten Schulgelände für immer zu verbieten: So etwas können wir uns schlicht nicht leisten! Wozu sind Sie Schulleiterin und haben hier im Laden das Sagen!?

*Besten Gruß
Miriam Tiralla* **A**

Viele meiner Mitschülerinnen und Mitschüler werden mir zustimmen, wenn ich daher an Sie appelliere, Frau Timmermann, uns das Kaugummikauen grundsätzlich wieder zu gestatten. Wir wissen aus eigener Erfahrung, was Experten erwiesen haben: dass die Gedächtnisleistung und Konzentration sich durch das Kauen steigern lässt. Und auch die Schule hat etwas davon: bessere Leistungen und mehr Aktivität im Unterricht.

*Mit freundlichen Grüßen
Sascha Klippklar* **B**

3 **a** Verfasse eine vollständige E-Mail an die Schulleiterin, in der du deine Position zu der strittigen Frage „Sollte man Kaugummikauen in der Schule erlauben?" vertrittst. Schreibe in dein Heft.
b Überarbeite die E-Mail mit Hilfe der Checkliste. Musterlösung ▸ Lösungsheft, Seiten 10–11.

Checkliste

ja	nein	Kriterien
☐	☐	Habe ich die **Briefform** eingehalten (z. B. Betreff, Anrede, Grußformel für die E-Mail)?
☐	☐	Habe ich in der **Einleitung** den **Anlass** meines Schreibens und die **strittige Frage** benannt und meine **eigene Meinung** klar zum Ausdruck gebracht?
☐	☐	Habe ich meine Position durch mehrere **Argumente** begründet?
☐	☐	Habe ich zum **Schluss** einen **Wunsch** bzw. **Appell** formuliert, der meiner Meinung entspricht?
☐	☐	Habe ich **Formulierungen** so gewählt, dass sie den Adressaten (Schulleiterin) ansprechen (z. B. Anrede mit „Sie"/„Ihnen")?

Online-Spiele faszinieren – Mit Hilfe von Materialien einen informierenden Text verfassen

Stell dir vor, du erhältst in der nächsten Schulaufgabe folgende Aufgabenstellung:

Verfasse auf der Grundlage folgender Materialien (M1 bis M3) einen Text im Umfang von ca. 300–350 Wörtern, in dem du über Multiplayer-Online-Rollenspiele (Abk.: MOR) informierst. Gehe hierbei auf folgende Fragen näher ein:
- Warum sind Multiplayer-Online-Rollenspiele bei Jugendlichen sehr beliebt?
- Welche Probleme bzw. Gefahren sehen Kritiker?
- Wie kann man gegen diese Gefahren vorbeugen?

M1 Florian Schneider

Codewort MOR – zusammen gegen den Rest der Welt (Schulwebseite, 2018)

Der Begriff Multiplayer-Online-Rollenspiele (MOR) steht für Online-Spiele, in denen die Spielenden Rollen übernehmen und sich in einer virtuellen Welt durch eine Vielzahl von Abenteuern kämpfen. Das Angebot solcher Spiele wächst stetig und stark, denn die Nachfrage der Netzgemeinde ist groß.

Warum faszinieren Multiplayer-Online-Rollenspiele so viele Menschen?

Die fremden und zugleich faszinierenden virtuellen Welten üben eine große Anziehungskraft auf jugendliche Spieler aus. Hier können Abenteuer durchlebt, Kämpfe bestritten und Herausforderungen überwunden werden. Ist ein Spielabschnitt erfolgreich abgeschlossen, winken Belohnungen. Man erwirbt Ansehen innerhalb der Spielergemeinde und kann schnell zu einem „Helden" aufsteigen. Wer ähnliche Ziele verfolgt, kann sich einem Team anschließen. Das Erleben von Gemeinschaft ist ein entscheidender Vorteil der MOR. Technisch sind diese Spiele sehr komfortabel: Mit einem Headset kommunizieren die Spielenden miteinander und stimmen ihre Aktionen ab. Man unterstützt sich gegenseitig, wenn man gemeinsam Schlachten schlägt, und man tauscht Erfahrungen aus, um den Mitspieler oder die Mitspielerin auf das nächste Level zu bringen.
Um die Faszination aufrechtzuerhalten, werden die virtuellen Landschaften von den Game-Designern immer weiterentwickelt, sodass die Spiele faktisch nie zu einem Ende kommen. Niemand weiß, wie der nächste Spielabschnitt gestaltet sein wird. Das erzeugt einen regelrechten Sog: Spielende bleiben über Monate, ja sogar Jahre in ein und demselben Spiel aktiv.

Welche Risiken bergen Online-Spiele?

Online-Rollenspiele begeistern auch Kinder. Aber bei der Auswahl der Inhalte ist Vorsicht geboten, denn viele Spiele arbeiten mit gewaltverherrlichenden Szenarien und können Angst auslösen. Um der Kritik zu begegnen, hat die Computerspielewirtschaft freiwillig eine „Unterhaltungssoftware Selbstkontrolle (USK)" eingerichtet, die in Deutschland auch Online-Spiele unter Beachtung des Jugendschutzgesetzes prüft. Danach werden für jedes Spiel Altersempfehlungen vergeben. Ein Kind oder Jugendlicher darf mit der Verarbeitung der Inhalte nicht überfordert werden. Realität und spielerische Fiktion müssen streng getrennt bleiben, damit der Spieler nicht beginnt, Gewalt für ein normales Mittel der Problemlösung im Alltag zu halten.
Die tägliche Spielzeit muss altersangemessen begrenzt werden, um die Suchtgefahr zu verringern. Denn nicht selten führt das Zusammenwirken von spielerischer Herausforderung mit Belohnung im Erfolgsfall zu einem Teufelskreis, aus dem manche Spielerinnen und Spieler nicht allein ausbrechen können: Wer vor dem Schlafengehen „schnell" noch eine Stufe aufsteigen will, bleibt dann bis in die Nacht in einer entscheidenden Schlacht hängen. Vergessen ist, dass die mit den Eltern verhandelte Onlinezeit erschöpft ist. Das Spielen verdrängt zunehmend Freunde, Schule und Familie aus dem Blickfeld.

M 2 Interview mit Prof. Dr. Dr. Gerald Hüther[1]:

Wie entsteht Computersucht? (www.lernwelt.at, aufgerufen 17.12.2018)

Das Interview (Auszug) führte Peter Schipek.

Frage: Was passiert [bei übermäßigem Computerkonsum] im Gehirn?

Prof. Hüther: Wenn Kinder und Jugendliche täglich mehrere Stunden vor ihren Computern verbringen, verändert das nicht nur ihre Wahrnehmung, ihr Raum- und Zeitempfinden und ihre Gefühlswelt – alles, was sie in den Computerspielen erleben, verändert auch ihr Gehirn.

Frage: Wie, auf welche Art verändert Computerspielen das Gehirn?

Prof. Hüther: Die Art und Weise, wie die Nervenzellen im Gehirn miteinander verknüpft werden, hängt davon ab, was man mit seinem Gehirn macht. Wer immer wieder in den Strudel virtueller Welten eintaucht, bekommt also ein Gehirn, das immer besser an all das angepasst ist, was dort geschieht, mit dem man sich aber im realen Leben immer schlechter zurechtfindet. Die Fiktion wird dann zur lebendigen Wirklichkeit und das reale Leben zur bloßen Fiktion. Hirnforscher haben herausgefunden, dass die Strukturierung des Gehirns, die Verschaltungen zwischen den Milliarden Nervenzellen, davon abhängt, wofür ein Kind sein Gehirn benutzt. [...]

Frage: Woran können Eltern erkennen, dass ihr Kind computersüchtig ist?

Prof. Hüther: Wenn ein Kind seine Zeit lieber vor dem Computer verbringt, als seinen natürlichen Bedürfnissen nachzugehen, draußen herumzurennen und mit anderen zu spielen, wird es bedenklich. Das Kind zieht sich immer mehr in seine Computerwelt zurück. Besonders gefährlich sind übrigens Online-Computerspiele. [...] Diese Spiele sind so beschaffen, dass man sich beispielsweise eine Figur aufbaut, quasi einen Repräsentanten für sich selbst. Dem gibt man alle möglichen Eigenschaften mit, damit er gut durch die Welt finden kann. So weit ist das ja auch ganz wunderbar. Da aber online gespielt wird, dürften die Kinder eigentlich gar nicht abschalten: Denn sonst laufen sie Gefahr, dass andere Spieler ihre Abwesenheit nutzen, um der Figur etwas wegzunehmen. Die Kinder versuchen also, um jeden Preis dranzubleiben. Dabei wird dann das Essen vergessen, ganz zu schweigen von Hausaufgaben und sozialen Kontakten.

Frage: Was ist Ihre Empfehlung an Eltern? [...]

Prof. Hüther: Kinder und Jugendliche brauchen Aufgaben, an denen sie wachsen und neue Erfahrungen machen können. Sie brauchen auch Anregungen und Gelegenheiten, um ihre sportlichen oder künstlerischen Talente zu entwickeln, und Eltern, die ihnen Liebe, Geborgenheit und Orientierung geben. Das sind die wichtigsten Säulen für eine glückliche Kindheit. Wer davon getragen wird, braucht keine Krücken.

Frage: Der Computer ist also für viele Kinder und Jugendliche eine Krücke? [...]

Prof. Hüther: Sucht war noch nie etwas anderes als die Suche nach einem Ersatzglück, eine Krücke eben. [...]

[1] **Prof. Dr. Dr. Gerald Hüther** ist Psychiater und betreibt neurobiologische Grundlagenforschung. Er untersucht Nervenverbindungen und auch, wie das Denken und Lernen im Gehirn erfolgt.

Quelle: www.lernwelt.at (aufgerufen 17.12.2018). Der Text wurde aus didaktischen Gründen gekürzt.

M 3 **Digitale Spiele: Nutzung 2017**

(Computer-, Konsolen-, Online-, Tablet- und Handyspiele)

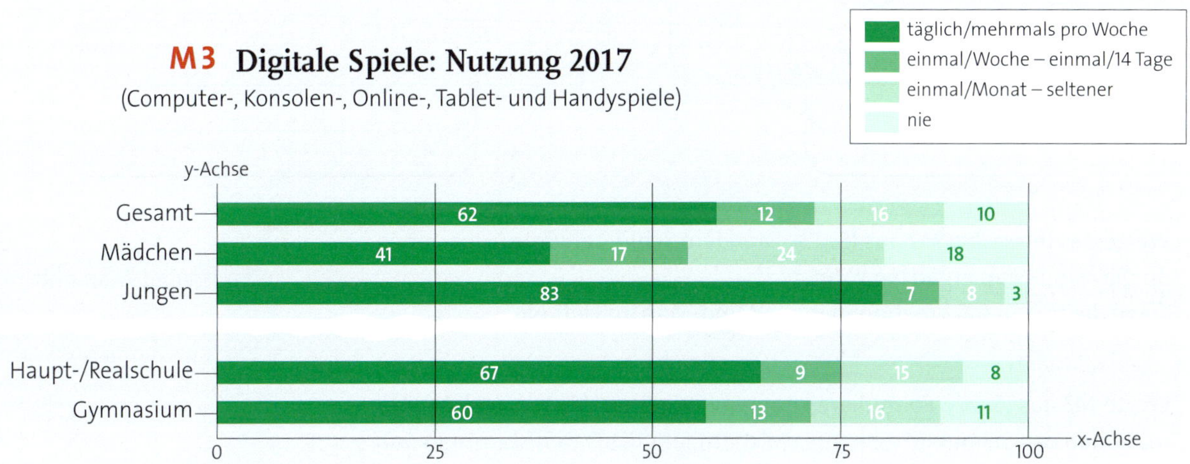

Quelle: JIM-Studie 2017, Angaben in Prozent · Basis: alle Befragten, n = 1.200

A Die Aufgabenstellung richtig verstehen

1 **a** Markiere in der Aufgabenstellung auf Seite 21, was wichtig für die Lösung ist.
b Kreuze für jede Aussage an, ob sie zutrifft oder nicht.

Ich soll für meine Stellungnahme ...

		hilfreich	nicht hilfreich
☐	A meine Meinung zu Multiplayer-Online-Rollenspielen darlegen.	☐	☐
☐	B die Materialien M1 bis M3 auswerten.	☐	☐
☐	C die Materialien verwenden, um einen informierenden Text zu verfassen.	☐	☐
☐	D mit Hilfe des Materials begründen, ob ich MOR spielen will.	☐	☐
☐	E in meinem Text Probleme, aber auch Lösungen dafür darstellen.	☐	☐

B Informationen sammeln

1 **a** Lies den Sachtext M1 (S. 21) und unterteile ihn in fünf Sinnabschnitte.
b Ordne den Zwischenüberschriften die Zeilenangaben der Sinnabschnitte zu.

Sinnabschnitt ____ : Wie Game-Designer Spieler/-innen an die Spiele binden (________________)

Sinnabschnitt ____ : Problem Gewalterfahrungen/Angst (________________)

Sinnabschnitt _1_ : Begriffserklärung Multiplayer-Online-Rollenspiele (Z. 1- ________________)

Sinnabschnitt ____ : Problem Spielsucht (________________)

Sinnabschnitt ____ : Warum Jugendliche MOR mögen (________________)

2 **a** Lege im Heft eine Mind-Map nach dem Muster unten an.
b Werte M1 aus: Unterstreiche wichtige Informationen und trage sie geordnet in die Mindmap ein.

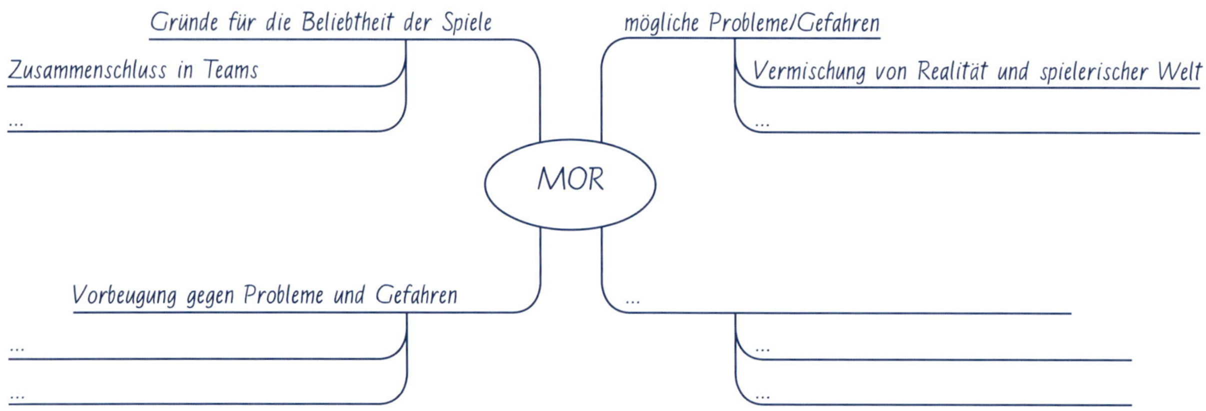

3 **a** Werte das Interview M2 aus (S. 22): Markiere Schlüsselwörter, mit denen du die Mind-Map ergänzen kannst.
b Trage die neuen Informationen in die Mind-Map im Heft ein.

4 **a** Werte M3 aus (S. 22). Formuliere knapp mit eigenen Worten, welche Informationen das Schaubild gibt, aus welchem Jahr die Daten stammen und wer sie erhoben hat. Schreibe in dein Heft.
b Ergänze die Mind-Map dort um zusätzliche Informationen, wo diese passen.

Eine **Mind-Map** hilft dir, die Informationen, die die Materialien geben, den Fragen aus der Aufgabenstellung zuzuordnen.

C Einen Schreibplan erstellen

1 Arbeite mit den Informationen aus deiner Mind-Map den Schreibplan aus: Ordne sie der Gliederung zu und notiere Ideen für die Ausarbeitung des Textes.

Aufbau des informierenden Textes	Schreibideen
Überschrift Zum Thema hinführen	______________________
Einleitung Kurz über das Thema des Textes informieren	______________________ ______________________ ______________________
Hauptteil Die Informationen zum Thema sinnvoll ordnen und logisch gegliedert so darstellen, dass sie das Thema des Textes erläutern Die **Gliederung** kann die Abfolge der Fragen aus der Aufgabenstellung aufgreifen Jeder Sinnabschnitt wird durch eine Zwischenüberschrift verdeutlicht	Zwischenüberschrift: ______________________ ______________________ ______________________ ______________________ ______________________ Zwischenüberschrift: ______________________ ______________________ ______________________ ______________________ ______________________ Zwischenüberschrift: ______________________ ______________________ ______________________ ______________________ ______________________
Schluss Kurze Zusammenfassung und ggf. Ausblick	______________________ ______________________

D Schreibtraining: Sachlich informieren – korrekt zitieren

1 a Kontrolliere die Zitate: Setze einen Haken, wenn korrekt zitiert wurde.
b Verbessere falsche Zitate.

Wörtliche Übernahmen aus anderen Texten können eine Aussage belegen oder hervorheben. Sie müssen genau mit dem **Ursprungstext übereinstimmen** und durch **Anführungszeichen** als Zitate hervorgehoben werden. Die **Quelle** muss korrekt und mit **Zeilenangabe** benannt werden.

A ☐ Florian Schneider bestätigt dies auf der Schulwebseite: Das Erleben von Gemeinschaft ist ein entscheidender Vorteil.

B ☐ Prof. Hüther stellt dazu auf der Webseite „Lernwelt.at" Folgendes dar: „Kinder und Jugendliche brauchen Aufgaben, an denen sie wachsen und neue Erfahrungen machen können."

C ☐ „Die Fiktion wird nicht zur lebendigen Wirklichkeit und das reale Leben nicht zur bloßen Fiktion", betont Prof. Hüther in diesem Zusammenhang.

____

____

____

2 Kreuze für jedes Zitat mit eigenen Worten an, ob es den Inhalt der Textstelle treffend wiedergibt oder nicht.

Treffende Wiedergabe der Textstelle?	ja	nein
A „Technisch sind diese Spiele sehr komfortabel: Mit einem Headset kommunizieren die Spielenden miteinander und stimmen ihre Aktionen ab." (M1, Z. 20–23)		
a Durch Headsets ist das Spiel deutlich schneller geworden.	☐	☐
b Durch Headsets ist die Kommunikation im Spiel deutlich komfortabler geworden.	☐	☐
c Das Spiel ist durch Headsets deutlich technischer geworden.	☐	☐
B „Um die Faszination aufrechtzuerhalten, werden die virtuellen Landschaften von den Game-Designern immer weiterentwickelt, sodass die Spiele faktisch nie zu einem Ende kommen." (M1, Z. 27–30)		
a Programmierer gestalten immer neue, zusätzliche Spielwelten, die mit dem ursprünglichen Spiel in Verbindung stehen.	☐	☐
b Gespielt wird in einer Endlosschleife.	☐	☐
c Programmierer entwickeln die virtuellen Welten in einem Spiel stetig weiter, um die Spielenden durch Neues zu begeistern und im Spiel zu halten.	☐	☐
C „Realität und spielerische Fiktion müssen streng getrennt bleiben, damit der Spieler nicht beginnt, Gewalt für ein normales Mittel der Problemlösung im Alltag zu halten." (M1, Z. 53–56)		
a Computer-Spielerinnen und -Spieler lösen Probleme auf gewaltsame Art.	☐	☐
b Wer Spiel und Realität nicht mehr auseinanderhalten kann, löst auch im realen Alltag Probleme mit Gewalt.	☐	☐
c Spielende ändern sich nicht und verwenden auch im Leben immer Gewalt.	☐	☐

E Den informierenden Text überarbeiten

1 Die folgende Einleitung ist nicht sachlich geschrieben und informiert nicht in einem Satz über das Thema des Textes. Überarbeite sie: Streiche Unpassendes und schreibe eine verbesserte Fassung ins Heft.

Formuliere informierende Texte **sachlich:** Verzichte auf Gefühle, erzählende Ausschmückungen, Umgangssprache und Vermutungen.

Multiplayer-Online-Rollenspiele, oder kurz MOR, wie man so schön sagt, flashen immer mehr Jugendliche heutzutage. Die Zahl gamender Teenies nimmt seit Jahren immer und immer mehr zu und es ist nur logisch, dass sich Fragen stellen: Warum, um alles in der Welt, faszinieren diese Spiele Menschen im besten Alter von 12 bis 20 Jahren derart? Welche Gefahren lauern und wie kann möglichen Problemen vorgebeugt werden?

2 Dieser Textabschnitt aus dem Hauptteil wirkt sehr abgehackt, weil er nur aus Hauptsätzen besteht. Überarbeite ihn, indem du die Sätze miteinander verknüpfst. Schreibe die Verbesserung ins Heft.

Wie kann man Spielsucht verhindern? Die Begrenzung der Spielzeit ist sehr wichtig für einen verantwortungsvollen Umgang mit Computerspielen. Realität und Fiktion müssen deutlich getrennt bleiben. Es muss genug Zeit für andere wichtige Dinge bleiben. Der Ausgleich für die virtuellen Spiele muss in der realen Welt stattfinden. Der Neurologe Prof. Hüther beschreibt die Notwendigkeit anderer Aktivitäten. Kinder und Jugendliche brauchen Aufgaben. An denen können sie wachsen. Sie müssen eigene Erfahrungen machen. Sie brauchen dafür Anregungen und Gelegenheiten. Sie müssen vor allem ihre sportlichen oder künstlerischen Talente entwickeln. Sie brauchen liebevolle Eltern, Geborgenheit und Orientierung. Es ist wichtig, auf Altersempfehlungen für Computerspiele zu achten. Sie verhindern, dass die Spielenden von den Inhalten des Spiels überfordert werden.

3 a Verfasse nun selbst einen informierenden Text, der die in der Aufgabenstellung auf Seite 22 genannten Fragen beantwortet. Achte auf die vorgegebene Wortzahl und schreibe in dein Heft.
b Überarbeite deinen Text mit Hilfe der Checkliste. Musterlösung ▸ Lösungsheft, Seiten 13–14.

Checkliste

ja	nein	Kriterien
☐	☐	Habe ich im **Einleitungssatz** über das **Thema** des Textes informiert?
☐	☐	Habe ich alle Fragen der **Aufgabenstellung** beantwortet?
☐	☐	Habe ich im **Hauptteil** den **Textaufbau** verdeutlicht, z. B. durch Absätze oder Zwischenüberschriften?
☐	☐	Habe ich **sachlich** und mit eigenen Worten formuliert?
☐	☐	Habe ich **Zitate** eingebettet, die Zeichensetzung richtig ausgeführt und die Quelle genannt?
☐	☐	Habe ich eine aussagekräftige **Überschrift** formuliert?
☐	☐	Habe ich im **Schluss** eine bestimmte Information noch einmal hervorgehoben?

Plastikmüll – Einen informierenden Text überarbeiten

Stell dir vor, du bekommst folgende Aufgabenstellung:

Für die Schulwebseite hat die Technik-AG einen Beitrag über das Projekt „The Ocean Cleanup“ eingereicht, mit dem der junge Niederländer Boyan Slat die Meere von Plastikmüll säubern will. Der Text wirkt abgehackt. Als Redakteur/-in sollst du ihn sprachlich überarbeiten, damit er flüssiger lesbar ist, und ergänzen:

1. **Lies den Entwurf und überarbeite ihn Abschnitt für Abschnitt in deinem Heft: Achte auf einen abwechslungsreicheren Satzbau und verdeutliche inhaltliche Zusammenhänge.**
2. **Formuliere einen Schlussteil.**

Boyan Slat war 16 Jahre alt *als* Er ging mit einem Freund in Griechenland zum Tauchen. Sie waren beide überrascht von der Menge an Quallen. Sie sahen sie im Meer. Boyan bemerkte, dass es sich hier gar nicht um Meerestiere handelte. Es war Plastikmüll. Dies erschütterte ihn sehr. Boyan beschloss, etwas dagegen zu tun. Er hatte seine Mission gefunden: „Ich will die Meere vom Plastik befreien.“

Er entwarf Modelle und wollte mit ihnen die Meere vom Plastikmüll befreien. Seine Idee war, die natürlichen Meeresströmungen zu nutzen. Der Müll sollte nicht mühsam aus den Meeren gefischt werden. Der Müll sollte von selbst in die Netze kommen. Das brachte ihn zum Konzept von „The Ocean Cleanup“. Viele Menschen sind von der Idee von Slat begeistert. 2013 kündigte er seinen ersten Test auf den Azoren an. Innerhalb von zwei Wochen sammelte er 90 000 Euro.

Die Begeisterung ist verständlich. Slat scheint eine Antwort auf ein ernstes Problem gefunden zu haben. Manche Schätzungen sprechen von rund 35 Millionen Tonnen Plastikmüll im Meer. Andere behaupten sogar, dass bis zu 180 Millionen Tonnen auf und in den Weltmeeren treiben. Die tatsächliche Menge ist unbekannt. Aufgrund der Größe der Meere gibt es derzeit nur grobe Schätzungen. Sicher ist: Es gibt auf den Meeren dieses Planeten ein enormes Problem mit Plastikmüll. Jeder Meeresbiologe wird diese These bestätigen. Man braucht nur an einem windigen Tag an einem Sandstrand zu liegen.

Quelle: Der Text beruht auf einem Beitrag von Michael Bonvalot für https://www.wie-wir-wollen.at/ [aufgerufen 13.11.2018]. Er wurde aus didaktischen Gründen gekürzt und die Formulierungen wurden vereinfacht.

1 a Markiere in der Aufgabenstellung, was wichtig ist.
b Kreuze an, was du tun sollst.

Ich soll ...

- ☐ A einen Beitrag für die Schulwebseite inhaltlich überarbeiten, um ihn kürzer zu machen.
- ☐ B einen Beitrag für die Schulwebseite sprachlich überarbeiten, damit er flüssiger lesbar wird.
- ☐ C eine Einleitung für den Beitrag verfassen.
- ☐ D einen Schlussteil für den Beitrag verfassen.

2 Überarbeite den Text: Gestalte den Satzbau abwechslungsreicher und stelle inhaltliche Zusammenhänge durch sprachliche Verknüpfungen deutlicher dar, z. B. durch Satzgefüge mit Adverbial- und Relativsätzen (Attributsätze), wie im Textanfang unten gezeigt. Der Wortspeicher hilft dir: Erste Ideen kannst du über dem Text links notieren. Schreibe in dein Heft.

Um den **Satzbau abwechslungsreicher** zu gestalten, hilft oft die **Umstellprobe,** z. B.: *Viele Menschen sind von der Idee von Slat begeistert – Von Slats Idee sind viele Menschen begeistert. – Weil viele Menschen von der Idee begeistert sind, ...*

als ▪ nachdem ▪ sobald ▪ doch ▪ anstatt ▪ denn ▪ dabei ▪ damit ▪ aber ▪ jedoch ▪ danach ▪ bald ▪ sondern ▪ während ▪ anschließend ▪ allerdings ▪ wohingegen ▪ indem

Boyan Slat war 16 Jahre alt, als er mit einem Freund in Griechenland zum Tauchen ging. Zuerst waren beide überrascht von der Menge an Quallen, die sie im Meer sahen. Doch bald bemerkte Boyan, dass es sich hier gar nicht um Meerestiere handelte, sondern ...

3 Verfasse mit Hilfe der folgenden Notizen einen Schluss für den Informationstext. Achte auf sinnvolle Satzverknüpfungen und sprachliche Abwechslung.

- neueste Untersuchungen/Studien
- im pazifischen Müllstrudel etwa eine Billion Plastikteile
- 2050: Mehr Plastikteile als Fische
- heute: Rund 140 Millionen Tonnen Plastik
- jedes Jahr weitere 8 Millionen Tonnen
- Umweltorganisationen warnen
- fragiles Ökosystem: Gefahren für Mensch und Tier

4 Notiere eine Überschrift für den Beitrag, die die Neugier der Mitschülerinnen und Mitschüler weckt.

5 Überprüfe deine Textverbesserungen mit Hilfe der Checkliste.
Musterlösungen ▸ Lösungsheft, Seiten 14–15.

Checkliste

ja	nein	Kriterien
☐	☐	Habe ich gedankliche Zusammenhänge sprachlich durch Satzgefüge deutlich gemacht?
☐	☐	Habe ich in den Satzgefügen passende Konjunktionen eingefügt?
☐	☐	Habe ich abwechslungsreiche Sätze und Satzanfänge formuliert?

Jahrgangsstufentest Deutsch

„Siegfried, der Drachentöter" – Einen literarischen Text untersuchen

1 **a** **Lies die folgenden Hinweise zum Jahrgangsstufentest und markiere alle wichtigen Informationen.**

In diesem Kapitel kannst du dich auf den Jahrgangsstufentest Deutsch vorbereiten, den in der Regel alle Schülerinnen und Schüler am Anfang der 8. Jahrgangsstufe ablegen müssen. Während du auf den Seiten 31 bis 37 **Aufgaben zu einem literarischen Text** findest, steht auf den Seiten 38 bis 44 die **Untersuchung eines Sachtextes** im Mittelpunkt. Eine dieser beiden Textarten bildet die Grundlage für den Jahrgangsstufentest.

Wichtiger Hinweis: Für die Lektüre des Textes erhältst du eine Einlesezeit von 5 Minuten, erst danach kannst du die Aufgaben zum Text behandeln und hast dafür 45 Minuten Zeit. Während der gesamten Bearbeitungszeit (50 Minuten) steht dir der ausgeteilte Text zur Verfügung, sodass du Aussagen jederzeit nachlesen kannst.

Im Jahrgangsstufentest kannst du zeigen:

- dass du einen **Text verstehst** und ihm **Informationen entnehmen** kannst,
- dass du dich sprachlich **angemessen ausdrückst,**
- dass du **Grammatikregeln** kennst und angemessen anwendest (formale Sprachbeherrschung) und
- dass du einen Text in Bezug auf **Rechtschreibung** und **Zeichensetzung** sicher überarbeiten kannst.

b **Drei der Gegenstände solltest du zum Jahrgangsstufentest mitbringen. Verbinde sie durch eine Linie.**

A Armbanduhr
C Zirkel
E Glücksbringer
B Smartphone
D Lineal
F Stift und Textmarker

c **Streiche die Aufgabenform durch, die im Jahrgangsstufentest nicht vorkommt.**

A Texte lesen und verstehen
C Texte verbessern und überarbeiten
B Texte zusammenhängend schreiben
D Texten Informationen entnehmen

2 **Überprüfe vor der Durchführung des Tests, ob du die wichtigsten Bearbeitungsstrategien beherrschst. Kreuze an, ob dir die jeweilige Vorgehensweise sinnvoll erscheint oder nicht.**

	sinnvoll	nicht sinnvoll
A Zu Beginn blättere ich alle Aufgaben durch, um mir einen Überblick zu verschaffen.	☐	☐
B Nach der Einlesezeit beginne ich zügig mit den Aufgaben zum Textverständnis.	☐	☐
C Ich bearbeite als Erstes den Aufgabenbereich, den ich am sichersten beherrsche.	☐	☐
D Bei der Bearbeitung der Aufgaben gehe ich möglichst der Reihe nach vor.	☐	☐
E Ich lese jede Aufgabenstellung gründlich durch und markiere dabei wichtige Hinweise.	☐	☐
F Bei Ankreuzaufgaben überprüfe ich jede Antwort auf ihre Richtigkeit.	☐	☐
G Bei Aufgaben zum Textverständnis lese ich die entsprechenden Passagen im Text nach.	☐	☐
H Um jede Aufgabe zu lösen, grüble ich lange, bevor ich zur nächsten übergehe.	☐	☐
I Wenn ich eine Aufgabe nicht lösen kann, stelle ich sie zurück und bearbeite die nächste.	☐	☐
J Unerledigte Aufgaben kennzeichne ich am Rand, um später hierhin zurückzukehren.	☐	☐
K Ich überprüfe immer, ob ich die exakte Anzahl an Antworten angekreuzt habe.	☐	☐
I Bei Zeitdruck bearbeite ich zunächst Rechtschreibung und Zeichensetzung.	☐	☐

Auguste Lechner (1905 – 2000)

Siegfrieds Kampf mit dem Drachen (Auszug aus dem Jugendbuch „Die Nibelungen“, 1951)

Nachdem der junge Siegfried bei Meister Mimer das Handwerk des Schmieds erlernt hat, erhält er von diesem eine Rüstung und schmiedet sich ein Schwert. So ausgestattet zieht er in den Kampf gegen den Drachen. Auf dem Drachenfels im Siebengebirge am Rhein begegnet er dem Ungeheuer.

[...] in diesem Augenblick sah ihn der Drache. Der scheußliche Kopf erstarrte und die Augen, diese fürchterlichen steingrauen, toten Augen richteten sich auf ihn mit einem Blick voll so höllischer Bösartigkeit, dass ihm das Mark in den Knochen gefror. Ganz langsam schob sich der Kopf jetzt vor, in den zusammengerollten Riesenleib kam Bewegung, die Vordertatzen streckten sich heraus, entsetzliche Krallen gruben sich in die Erde ... So kroch das Scheusal auf ihn zu, ohne ihn aus den Augen zu lassen, langsam, als wäre es seiner Beute sicher.

Siegfried sah es herankommen, aber er vermochte kein Glied zu rühren. Wie eine Lähmung hatte es ihn überfallen, die von diesen entsetzlichen Augen ausging. Nun war der Schädel mit den dampfenden Nüstern nur noch wenige Schritte vor ihm. Der ganze Leib war jetzt ausgestreckt, eine graue Walze, die wohl fünf Männerlängen haben mochte und so dick war wie eine hundertjährige Eiche. Der Schwanz peitschte den Boden, als freute sich das Scheusal, seinem Opfer nun gleich mühelos den Garaus[1] zu machen.

Da fühlte Siegfried, wie ihn eine furchtbare Wut packte. Mit einer verzweifelten Anstrengung gelang es ihm, den Schild vor das Gesicht zu reißen, und im gleichen Augenblick wich die Lähmung von ihm. Im Nu flog das Schwert heraus, ein Sprung nach vorn – und nun begann ein solcher Höllentanz, dass ihm Hören und Sehen verging. Er wusste nicht mehr, was er tat, er sprang vor, er sprang zurück, er schlug und schlug, wohin er traf, mit rasender Schnelligkeit. Rings um ihn wand und krümmte sich der Drachenleib, der heiße, stinkende Atem erstickte ihn fast, der Rachen klappte weit auf vor seinem Gesicht; er hieb drauflos, immerfort, immer wieder – der Schädel musste aus Stein sein! Eine Tatze langte nach ihm – ein Schlag und die Tatze hing losgetrennt kraftlos herab [...]. Aber nun umschlang ihn der Schwanz, presste ihm die Beine zusammen – nur jetzt nicht niederstürzen, sonst ist es aus! Dreimal, viermal schlug er mit verzweifelter Kraft zu, dann war er frei von der furchtbaren Umklammerung, da lag der Schwanz und zuckte noch ein wenig. Aber nun hatte der Drache den Schild mit den Zähnen gepackt, der Verlust seines Schwanzes schien ihn gar nicht zu stören. Siegfried meinte, der Arm würde ihm vom Leib gerissen, aber den Schild durfte er nicht loslassen! Wieder fielen die Schläge hageldicht auf das mörderische Maul, zwischen die heimtückischen, steinernen Augen.

Plötzlich ließ der Drache los, gerade noch früh genug, denn Siegfried fühlte, wie seine Arme zu erlahmen begannen. Was kam nun? Ein wenig wich das Ungetüm zurück, er konnte ein paar tiefe Atemzüge tun – aber im nächsten Augenblick richtete sich der Drache auf den Hinterbeinen zu einer furchtbaren Höhe auf, sein Rachen öffnete sich zu einem gähnenden, feuerroten Schlund, hing einen Augenblick hoch über Siegfried – dann stürzte er auf ihn herab. Siegfried riss den Schild über den Kopf, er hatte in diesem einen Augenblick gesehen, dass die Haut unten am Halse des Drachen weich und schlaff und ohne Schuppen war. Dahin richtete er blitzschnell die Spitze seines Schwertes: Es war das Einzige, was er noch tun konnte. Er spürte, wie die Klinge tief eindrang, etwas strömte über seine Hand, an der der Handschuh schon lange zerrissen war. Ein grässliches Röcheln und Gurgeln drang noch wie aus weiter Ferne an seine Ohren, dann sank schwer und leblos der Leib des Drachen über ihm zusammen.

Siegfried hatte keine Kraft mehr, zur Seite zu springen. Vor seinen Augen wurde es dunkel. Er fühlte, wie ihm die Sinne schwinden wollten, und er wehrte sich verzweifelt dagegen. Ich darf hier nicht liegen bleiben, dachte er, hier kann ich nicht atmen! [...] Sterbensmüde wankte er aus der Schlucht.

---

[1] **jemandem den Garaus machen:** jemanden umbringen, töten

Kompetenzbereich I: Textzusammenfassung und Textverständnis

1 Jeweils ein Vorschlag erfasst den Kerngedanken des Abschnitts präzise. Kreuze diesen an. **5 Punkte**

Schau bei **Ankreuzaufgaben** genau hin: Manchmal ist **nur eine richtige Aussage** oder **eine falsche Aussage** anzukreuzen, manchmal sind **mehrere Aussagen** auszuwählen.
Prüfe die Lösungsvorschläge sorgfältig: Passen sie wirklich zur Aufgabe? Wähle für diese Aufgabe den Vorschlag, der den gesamten Abschnitt erfasst – nicht nur einzelne Inhalte daraus oder ganz etwas anderes.

Abschnitt 1 (Z. 1–6):
- ☐ Ein Drache im Siebengebirge
- ☐ Furchteinflößender Auftritt
- ☐ Höllische Bösartigkeit
- ☐ Anbahnung des Kampfes

Abschnitt 2 (Z. 7–11):
- ☐ Held und Drache
- ☐ Siegfrieds Erstarrung
- ☐ Gnadenlose Verfolgungsjagd
- ☐ Die Angst des Helden

Abschnitt 3 (Z. 12–24):
- ☐ Siegfrieds Kampfeswille
- ☐ Siegfrieds Furcht
- ☐ Siegfrieds Kampf mit dem Drachen
- ☐ Die Unbesiegbarkeit des Drachen

Abschnitt 4 (Z. 25–40):
- ☐ Die Rettung des Helden
- ☐ Flucht des Drachen
- ☐ Unerwarteter Tod des Ungeheuers
- ☐ Der Sieg über den Drachen

Abschnitt 5 (Z. 41–45):
- ☐ Der Tod Siegfrieds
- ☐ Sammlung neuer Kräfte
- ☐ Völlige Erschöpfung nach dem Kampf
- ☐ Siegfrieds Ruhm als Drachentöter

☐ Punkte

2 Ein Vorschlag fasst den gesamten Text richtig zusammen. Kreuze diesen an. **1 Punkt**

In der Sage von Siegfried und dem Drachen wird der Leserin/dem Leser vor Augen geführt,

- ☐ A dass Siegfried als glanzvoller Held gilt, weil er das Ungeheuer mit magischen Kräften besiegt.
- ☐ B dass Siegfried ein übermächtiger Held ist, der vor nichts und niemandem zurückschreckt.
- ☐ C dass Siegfried tapfer und mutig seine Angst überwindet, um das Böse zu besiegen.
- ☐ D dass Siegfried infolge seiner Heldentat den Beinamen „Drachentöter" bekommt.

☐ Punkt

3 Überprüfe, ob die Aussagen mit dem Text übereinstimmen. Kreuze an. **5 Punkte**

	trifft zu	trifft nicht zu
A Das Aussehen des Drachen gleicht einem riesigen Mischwesen aus Echse und Schlange.	☐	☐
B Beim Kampf mit dem Drachen verliert Siegfried einen Arm.	☐	☐
C Gefährlicher als der durchdringende Blick und der feurige Schlund ist die giftige Ausdünstung des Scheusals.	☐	☐
D In seiner hässlichen Erscheinung ist der Drache ein personifizierter Teufel.	☐	☐
E Es gelingt Siegfried, sein Schwert in den unbeschuppten Hals des Drachen zu stoßen und diesen zu töten.	☐	☐

☐ Punkte

4 Die Spannung wird im Textauszug auf Seite 31 durch sprachliche Mittel verstärkt. Kreuze für jedes Beispiel an, welche Wirkung es erzeugt.
Setze pro Teilaufgabe jeweils ein Kreuz pro Spalte. 6 Punkte

Falls sich Aufgaben direkt auf den Text beziehen: Lies die entsprechenden Stellen im Text noch einmal.

A Die Häufung der kurzen Sätze „Er wusste nicht mehr, was er tat, er sprang vor, er sprang zurück“ (Z. 15) ...

- ☐ veranschaulicht die Kampfkraft und Schnelligkeit des Helden.
- ☐ veranschaulicht die fehlende Entschlossenheit des Helden.
- ☐ spiegelt die Verzweiflung des Helden.
- ☐ spiegelt das hohe Tempo des Kampfes.

B Der im Präsens formulierte Ausruf „nur jetzt nicht niederstürzen, sonst ist es aus!“ (Z. 19 f.) ...

- ☐ gibt einen Wunsch des Erzählers wieder.
- ☐ gibt einen Einblick in die Gedanken des Helden.
- ☐ ist Ausdruck für die Ängstlichkeit des Helden.
- ☐ ist Ausdruck für einen inneren Ansporn zum Kampf.

C „Plötzlich ließ der Drache los“ (Z. 25). Die Zeitangabe am Satzanfang ...

- ☐ leitet eine unerwartete Entwicklung ein.
- ☐ steigert die Spannung.
- ☐ deutet das Ende des Kampfes an.
- ☐ bereitet eine neue Phase im Kampf vor.

☐ Punkte

5 a Kreuze die zwei Abschnitte an, in denen vor allem das Aussehen des Drachen besonders anschaulich geschildert wird. 3 Punkte

☐ Abschnitt 1 ☐ Abschnitt 2 ☐ Abschnitt 3 ☐ Abschnitt 4 ☐ Abschnitt 5

b Kreuze den einen Abschnitt an, in dem die Spannungskurve ihren Höhepunkt erreicht.

☐ Abschnitt 1 ☐ Abschnitt 2 ☐ Abschnitt 3 ☐ Abschnitt 4 ☐ Abschnitt 5 ☐ Punkte

6 Im Siegfried-Museum in Xanten (Niederrhein) kann man sich genauer über die Geschichte des Drachentöters informieren. Auf der Homepage des Museums finden sich Hinweise zu den Öffnungszeiten. Lies sie und kreuze unter der Tabelle die zutreffende Aussage an. 1 Punkt

SiegfriedMuseum Xanten

Öffnungszeiten	Eintrittspreise		Führungen
Montag – Freitag	Kinder/Jugendliche	Eintritt frei	Allgemeine Führung durch das Museum
10:00–18:00 Uhr (Apr.-Okt.)	Erwachsene ab 18 Jahren	4,00 €	60 Minuten
10:00–17:00 Uhr (Nov.-März)	Gruppe ab 10 Erwachsenen	3,50 €	max. 15 Personen
Samstag, Sonntag, Feiertage	Ermäßigter Eintritt	3,00 €	35,00 € (Erwachsene) zzgl. Eintritt
10:00–17:00 Uhr			
Langer Museumstag	Offene Führung	nur Eintritt	
10:00–20:30 Uhr (2. Mittwoch im Monat)	(April-Oktober, sonntags 11:00 Uhr)		Kombiführung durch Museum und Stadt
Geschlossen am			120 Minuten
24./25./31.12., Rosenmontag, Montag nach Fronleichnam, jedes zweite Jahr am Karnevalssonntag			ab 10 Personen, max. 15 Personen, 12 € p. P.

- ☐ A Das Siegfried-Museum ist nur an Weihnachten und an Karneval geschlossen.
- ☐ B Eine Gruppe von acht Erwachsenen bezahlt für einen Besuch mit Führung durch das Museum 61 €.
- ☐ C Offene Führungen finden ganzjährig statt.
- ☐ D Es gibt in jedem Monat einen langen Museumstag (Ausnahme: Feiertag).

☐ Punkt

Kompetenzbereich II: Ausdrucksvermögen

7 Der folgende Text enthält vier Ausdrucksfehler. Verbessere diese in der Zeile daneben, ohne den Sinn des Textes zu verändern. 4 Punkte

Suche hier **nicht** nach Rechtschreibfehlern! Gesucht sind **falsche Ausdrücke.**

Als Siegfried wieder bei Kräften gekommen war, bemerkte er, dass ______

sich dort, wo ihm das sonderliche Blut des Drachen über die Hand ______

gelaufen war, eine zweite Haut befand, die sich nicht mehr ablösen ließ. ______

Während er seine Hand betrachtete, fiel ihm ein, dass Drachenblut ______

unverwüstlich machen sollte. Um sein Schwert und seinen Schild ______

herbeizuholen, kehrte er in die Schlucht zurück. Dort sah er ______

den zusammengesunkenen Drachen, an dessen Seite ein kleiner See ______

aus Drachenblut gebildet war. Kurzerhand badete Siegfried darin. ______ ☐ Punkte

8 Ersetze den unterstrichenen Ausdruck durch jeweils ein Wort, das im Zusammenhang bedeutungsgleich ist, und füge dieses in die nachstehende Klammer ein. Verwende keine Umgangssprache. 3 Punkte

Ausschlaggebend für den verhängnisvollen (______) Lauf des Schicksals war eine Linde, die oberhalb der Schlucht stand. Beim Bad im Drachenblut fiel ein Lindenblatt auf Siegfrieds Rücken, sodass eine Stelle unterhalb seiner Schulter von der hörnernen Haut nicht überzogen wurde und ungeschützt blieb. Wer dieses Geheimnis kannte, konnte dem Helden gefährlich werden. So stieß später Hagen, Siegfrieds ärgster Widersacher (______), seinen Speer hierhin, um Siegfried heimtückisch (______) zu ermorden. ☐ Punkte

9 Streiche jeweils das eine Wort, das sich in seiner Bedeutung am stärksten von den drei anderen Wörtern der Reihe unterscheidet. 2 Punkte

A Einhorn – Drache – Kobold – Phönix B Abenteurer – Held – Recke – Kämpfer ☐ Punkte

10 Ergänze in den Lücken der folgenden Sätze die jeweils passende Redewendung, die das Wort „Haut" beinhaltet. Achte auf grammatische Richtigkeit. Beachte das Beispiel. 2 Punkte

Siegfried wollte den Kampf mit dem Drachen unversehrt überstehen. Er wollte *mit heiler Haut* davonkommen.

A Der junge Siegfried handelte oft zornig und unbeherrscht.

Schon bei Kleinigkeiten fuhr er ______.

B Die Not der vom Drachen bedrohten Menschen berührte Siegfried und weckte sein Mitleid.

Das Elend der Menschen ging ihm ______. ☐ Punkte

Kompetenzbereich III: Formale Sprachbetrachtung

11 Der folgende Text enthält neben dem markierten Beispiel fünf Grammatikfehler. Unterstreiche diese im Text und verbessere sie in der Randspalte. Der Sinn des Textes darf dabei nicht verändert werden. **5 Punkte**

Achte z. B. auf:
- **Verbformen:** Stimmt das Tempus?
- **Kasus:** Sind die richtigen Fälle bzw. Endungen gewählt? (Fragewörter: Wer? Wessen? Wem? Wen?) Stehen im Satz alle Pronomen bzw. Attribute im richtigen Kasus? (Bezugswort prüfen!)

Sinnbildlich stand in der Literatur bis heute der Kampf mit einem Drachen	steht
für die Auseinandersetzung zwischen Gut und Böse. Seinen Ursprung besitzt	______
diese Vorstellung in alten Schöpfungserzählungen, wodrin der Drache eine zu	______
bekämpfende Naturgewalt ist. In antiken Sagen entwickeln sich Drachen zu	______
einem unverzichtbarem Symbol für das Böse, das den Held herausfordert. Ein	______
Sieg über den Drachen ist in Heiligenlegenden ein Sieg des wahren Glauben.	______

☐ Punkte

12 Unterstreiche im Text über die babylonische Schöpfungserzählung „Enuma elish" das in Klammern angegebene Satzglied bzw. dessen angegebenen Teil vollständig. **4 Punkte**

A Am Anfang der Welt erzeugen eine männliche Urgottheit, der Süßwasserozean Apsu, und die Urmutter allen Lebens, der Salzsee Tiamat, durch ihre Vereinigung eine lange Generation von Göttern. (Subjekt)

B Als ihr Nachkomme Ea den Urgott Apsu im Schlaf tötet, rüstet sich Tiamat zur Vernichtung ihrer Kinder und bringt viele schreckliche Kreaturen zur Welt. (Präpositionalobjekt)

C Ea ruft daraufhin seinen Sohn Marduk zu Hilfe, der gegen Tiamat kämpft. (Akkusativobjekt)

D Krafterfüllt tötet Marduk Tiamat, die sich von einer gestaltlosen Gottheit in ein Ungeheuer verwandelt hat, und formt aus ihrem Körper Himmel und Erde. (Adjektivattribut)

☐ Punkte

13 Bestimme Kasus (Fall) und Genus (grammatisches Geschlecht) der unterstrichenen Wörter im Text über den griechischen Helden Kadmos. Verwende die lateinischen Fachbegriffe. **6 Punkte**

A Tiefe Trauer erfüllte den König Agenor, nachdem seine geliebte Tochter Europa von Zeus entführt worden war.

Kasus: ______ Genus: ______

B Der König befahlt seinem Sohn Kadmos, die Schwester zu suchen und nicht ohne sie heimzukehren.

Kasus: ______ Genus: ______

C Als Kadmos seine Schwester nirgendwo in der Welt finden konnte, wurde er sich seines Schicksals bewusst: Ohne sie würde nie wieder in die Heimat zurückkehren.

Kasus: ______ Genus: ______ ☐ Punkte

14 Wandle den jeweils unterstrichenen (Teil-)Satz vom Aktiv ins Passiv bzw. vom Passiv ins Aktiv um. Achte darauf, nichts wegzulassen, und behalte das vorgegebene Tempus bei. **2 Punkte**

A Kadmos ließ sich mit seinen Gefährten in der Nähe einer Quelle nieder, ohne zu ahnen, dass diese immer schon von einem gefährlichen Drachen bewacht worden war.

Kadmos ließ sich mit seinen Gefährten in der Nähe einer Quelle nieder, ohne zu ahnen,

____

B Erst als viele Männer ihr Leben verloren hatten, besiegte Kadmos das schlangenartige Ungeheuer.

______________________________ ☐ Punkte

15 Gib die Aussage des Boten in indirekter Rede mit Konjunktiv wieder. **3 Punkte**

Nach seinem Sieg hat Kadmos die Zähne des toten Drachen im Boden ausgebracht. Aus der Saat sind schwerbewaffnete Krieger entstanden. Sie haben mit Kadmos zusammen die Stadt Theben erbaut.

Der Bote berichtete, nach seinem Sieg ________ Kadmos die Zähne des toten Drachen im Boden

____________ . Aus der Saat ________ schwerbewaffnete Krieger ____________ .

Sie ____________ mit Kadmos zusammen die Stadt Theben ____________ . ☐ Punkte

16 Bestimme die Art des jeweils unterstrichenen Nebensatzes mit dem passenden lateinischen Fachbegriff. Forme dann jeden Nebensatz zu einem Satzglied mit gleicher Funktion um. Gehe vor, wie im Beispiel gezeigt. **4 Punkte**

Im Mittelpunkt der christlichen Legende um Georg von Kappadokien steht eine Stadt, die von einem schrecklichen Drachen bedroht wird.

Art des Nebensatzes: *Relativsatz/Attributsatz* Umformung: *Im Mittelpunkt der christlichen Legende um Georg von Kappadokien steht eine von einem schrecklichen Drachen bedrohte Stadt.*

A Damit der Drache gebändigt wird, müssen die Einwohner der Stadt dem Drachen täglich zwei Schafe opfern.

Art des Nebensatzes: ____________ Umformung: ____________

____________ *müssen die Einwohner der Stadt dem Drachen täglich zwei Schafe opfern.*

B Eines Tages soll auch die Tochter des Königs dem Drachen geopfert werden. Der heilige Georg rettet die Königstochter, indem er den Drachen mit seiner Lanze tötet.

Art des Nebensatzes: ____________ Umformung: ____________

____________ *rettet der heilige Georg die Königstochter.*

☐ Punkte

Kompetenzbereich IV: Rechtschreibung und Zeichensetzung

17 Im folgenden Text finden sich sieben Rechtschreibfehler. Unterstreiche sie im Text und verbessere sie in der Zeile daneben. Namen sind richtig geschrieben. **7 Punkte**

Obwohl Drachen nie real existirten, sind sie in der Fantasie der Menschen	__________
sehr lebendig. Während sie zuerst nur als furchteinflössende Schatzhüter	__________
und grausame Menschenfresser dargestellt wurden, kamen zunemend auch	__________
positive Vorstellungen auf. In der Märchenwelt beschützten Drachen die	__________
unterdrückten. Ansätze zur Vernidlichung finden sich heute vorallem in der	__________
Kinder- und Jugendliteratur. So gleicht Fuchur aus Michael Endes Roman	__________
„Die unendliche Geschichte" einem Glücksdrachen nach chienesischem	__________
Vorbild. ☐ Punkte	__________

18 Umkreise die richtige Schreibweise des s-Lauts. **6 Punkte**

Au s / ss / ßer in Märchen findet man den Drachen heute vorzug s / ss / ßweise in der Fantasyliteratur. Hier tritt er als intelligentes Wesen auf, da s / ss / ß sich zum Gefährten eines Menschen entwickelt. Oft geschieht es, da s / ss / ß ihre emotionale Verbindung sehr eng wird. Infolge des übermä s / ss / ßigen Erfolgs der Bücher haben viele Regi s / ss / ß eure solche Geschichten verfilmt.

☐ Punkte

19 Ergänze alle fehlenden Kommas. Kennzeichne auch, wo man ein Komma setzen kann, aber nicht muss. **5 Punkte**

Fantasyrollenspiele im Internet sind von Drachen bevölkert aber mit den klugen Wesen die die Dichtung in der Vergangenheit kannte haben sie nur noch wenig gemeinsam. Kaum ein Spiel kommt ohne mindestens einen Drachenkampf aus und es ist keine Frage wer hier meist die Opferrolle einnimmt.

☐ Punkte

Die Checkliste anwenden

1
a Nutze die Checkliste, um damit deine Ergebnisse/Antworten zu überprüfen.
b Ergänze die Aufgaben, die du noch nicht vollständig bearbeitet hast.

Checkliste

ja	nein	Kriterien
☐	☐	Habe ich bei den Aufgaben zum Ankreuzen jeweils **die geforderte Anzahl an Kreuzen** gesetzt?
☐	☐	Habe ich die **Fehlerzahl** beachtet, die in einigen Aufgabenstellungen vorgegeben ist?

Berufswunsch „Videofilmer" – Einen Sachtext untersuchen

Johannes Lohmaier und Fabian Schäfer

Internetvideos als Beruf: Hallo, ihr Lieben

Computertricks, Schminktipps oder einfach nur Blödsinn: Auf einer Videoplattform im Internet plaudern Selbstdarsteller über ihren Alltag. Manche können davon leben.

Nele sitzt vor einer Fotowand. Pferde, ihr Schäferhund, Familienbilder. Sie blickt direkt in die Handykamera und sagt: „Hallo, meine Hübschen da draußen." Die 16-jährige Hamburgerin spricht über Streitereien mit ihren Eltern. Zu spät nach Hause kommen, schlechte Noten, Zimmer aufräumen – Themen, die Teenager bewegen. Nur dass Nele nicht ihren Freunden davon erzählt, sondern ihren 369 Abonnenten. Denn sie stellt Videos online. Auf ihrem Kanal veröffentlicht sie alle drei bis fünf Tage ein neues Video. Sie testet Onlinespiele, gibt Basteltipps oder erzählt „die peinlichste Geschichte" ihres Lebens.

Nele steht noch ganz am Anfang ihrer Filmer-Karriere, die sie vor einem Jahr gestartet hat. Andere Creator, wie sich die Videomacher selbst nennen, haben Millionen Zuschauer. Sie werden wie Popstars verehrt. Viele junge Filmer wollen genau das. Doch der Weg zum Internetstar ist mühsam. Den wenigsten gelingt es, davon zu leben.

Geschafft hat das Bianca mit einem Schmink-Kanal. 3,7 Millionen Abonnenten verfolgen ihre Videos mit Make-up-Tipps. Inzwischen verkauft die 23-Jährige einen eigenen Badeschaum. Mindestens genauso gut vermarkten sich die Zwillingsbrüder Heiko und Roman: 2011 starteten die heute 17-Jährigen ihren Kanal. Im vergangenen Winter lief ein „richtiger" Film von ihnen in den Kinos, gerade ist ihr zweites Album mit eigenen Songs erschienen. Das Musik- und Comedy-Duo gilt als deutsches Aushängeschild des Millionen-Business Videofilm. Die Videoplattform ist ihr Arbeitsplatz, ihr Geld verdienen sie einerseits mit Werbung in den Videos. 1 000 Klicks sollen 35 Dollar bringen, heißt es. Hinzu kommen Einnahmen aus Produktplatzierungen und Fanartikeln. Wie viel Geld dabei zusammenkommt, darüber schweigen die Videostars. Doch feststeht: Aus dem Hobby ist für die Videomacher ein Beruf geworden.

Einer, der das auch schaffen will, ist Paquito. Der 27-jährige Münchner stellt sich mit dem Namen seines Kanals vor. Dabei heißt er eigentlich Marvin Brenner Fernandez. Paquito spricht schnell und kokettiert mit anzüglichen Sprüchen über Frauen. Er sagt, was er denkt – auch wenn das nicht immer bei allen gut ankommt. Authentizität sei ihm wichtig. „Was mich am meisten am Fernsehen nervt, ist, dass es nicht ehrlich ist", sagt er. Deshalb will er sein Geld als Videofilmer verdienen, sein eigener Chef sein. Der größte Wunsch: Einmal um die Welt reisen und davon in Videos erzählen. Paquitos Kanal hat erst 1 133 Abonnenten. Um richtig erfolgreich zu werden, hat er sein ganzes Leben auf die Karriere ausgerichtet. Ständig ist er in den sozialen Netzwerken aktiv. Während des Gesprächs schickt er per Online-Dienst Videogrüße an seine Fans. Vor dem Schlafengehen chattet er mit der „Paquitommunity", wie er seine Fans nennt. „Ich würde nicht so viel posten, wenn ich nicht wüsste, dass es mir etwas bringt."

Die Erkenntnis, dass sich das Filmen von Internetvideos zum Traumjob entwickelt, hat auch die Bundesagentur für Arbeit erreicht. Zwar fragten Jugendliche nicht in der Berufsberatung danach, doch sehen die Job-Experten in der Videoplattform durchaus ein „zukunftsträchtiges Berufsfeld", wie Jürgen Wursthorn von der Regionaldirektion Bayern bestätigt. „Deshalb klären wir auf Veranstaltungen auch über Internetberufe auf."

Auch Fachmessen beschäftigen sich mit dem Thema „Berufswunsch Videofilmer – Welche Jobs entstehen in der neuen Medienwelt?". Experten diskutieren über die Frage, wie eine Ausbildung im Bereich „Internetvideo" aussehen könnte und was sie vom Berufsbild „Mediengestalter Bild und Ton" unterscheidet.

Längst nicht alle Eltern bringen so viel Verständnis für die Video-Begeisterung ihrer Kinder auf. Dabei gaben bei der JIM-Studie, einer jährlichen Untersuchung über das Medienverhalten von Jugendlichen, zuletzt mehr als 60 Prozent der 12- bis 19-Jährigen an, dass sie im Internet am liebsten eine Videoplattform nutzen. Das ist Platz eins – noch vor Social-Media- und Messaging-Diensten. „Statt ehrliches Interesse zu zeigen, tun viele

Eltern alle Videos als Schwachsinn ab", sagt die Pädagogin Sabrina Werner vom Münchner Café Netzwerk, einem Jugendzentrum, das auch Treffen für die jungen Filmer organisiert. 30 bis 50 junge Videomacher kommen dort monatlich zu Stammtischen und Workshops zusammen. Die meisten von ihnen sehen das Filmen als Hobby und schätzen die Chance, damit berühmt zu werden, realistisch ein. Ohnehin rät Werner allen, sich neben den Internetvideos ein zweites Standbein aufzubauen. Denn jeder müsse sich bewusst sein, dass der Video-Ruhm vergänglich sei. „Es gibt dort nichts, was es nicht schon gibt. Um beruflich erfolgreich zu sein, muss man aus der Masse herausstechen."
Momentan steht die Karriere auf einer Videoplattform für Nele nicht im Vordergrund. Sie macht in zwei Jahren Abitur und bald ein Praktikum bei einem Bundestagsabgeordneten. Doch schon jetzt ist sie Teil der Maschinerie. Damit ihr Kanal populärer wird, lädt sie regelmäßig neue Videos hoch. Die Filme zu planen, zu drehen und zu schneiden kostet viel Zeit. „Manchmal würde ich lieber entspannen und mir einen schönen Nachmittag machen", sagt sie. Doch dann geht die Karriere eben doch vor.

Quelle: Süddeutsche Zeitung, 22.10.2016. Der Text wurde aus didaktischen Gründen verändert.

Kompetenzbereich I: Textzusammenfassung und Textverständnis

Hast du eine **falsche Antwort** angekreuzt? Dann streiche das falsch gesetzte Kreuz sauber durch. Vergiss nicht, das **Kreuz bei der neu gewählten Antwort** zu setzen.

1 Jeweils einer der folgenden Vorschläge erfasst den Kerngedanken des Abschnittes am genauesten. Setze jeweils ein Kreuz. 7 Punkte

Abschnitt 1 (Z. 1–11):	☐ Neles Freizeitbeschäftigung	☐ Neles Streit mit ihren Eltern
	☐ Neles Kanal auf einer Videoplattform	☐ Neles Basteltipps
Abschnitt 2 (Z. 12–15):	☐ Probleme auf dem Weg zum Traumberuf	☐ Neles Traumberuf „Videofilmer"
	☐ Traumberuf vieler Jugendlicher: „Creator"	☐ Neles Karriere auf einer Videoplattform
Abschnitt 3 (Z. 16–24):	☐ Beispielhafte Videokarriere: Heiko und Roman	☐ Was ein Videofilmer verdient
	☐ Der Arbeitsalltag der Zwillinge Heiko und Roman	☐ Der Kinofilm der Zwillinge
Abschnitt 4 (Z. 25–34):	☐ Vorgestellt: Paquito, der Internetstar	☐ Ein Tag des Videofilmers Paquito
	☐ Paquitos Hauptmedium: Messaging-Dienste	☐ Vorgestellt: Paquito als Mensch
Abschnitt 5 (Z. 35–41):	☐ Berufsberatung durch Bundesagentur für Arbeit	☐ Berufsbilder: „Videofilmer" und „Mediengestalter für Bild und Ton"
	☐ Ausbildung zum Videofilmer	☐ Videofilmer als neuer Beruf
Abschnitt 6 (Z. 42–52):	☐ Social Media bei Jugendlichen am beliebtesten	☐ Medienverhalten von Jugendlichen
	☐ JIM-Studie	☐ Interesse der Eltern am Medienverhalten ihrer Kinder
Abschnitt 7 (Z. 53–57):	☐ Vorgestellt: Netzwerk Café in München	☐ Videofilmen als Nebenjob
	☐ Realistisch bleiben: Erfolgschancen auf Videoplattformen	☐ Bedeutung von „Besonderheit" für Erfolg

☐ Punkte

2 Kreuze jeweils eine Fortsetzung des Satzes an, die die Aussage des Textes auf Seite 38 f. sinnvoll wiedergibt. **2 Punkte**

A Videofilmer zu werden, scheint für viele Jugendliche erstrebenswert zu sein,

- ☐ weil man dadurch schnell viel Geld verdienen kann.
- ☐ obwohl die Ausbildung dafür sehr aufwendig ist.
- ☐ da erfolgreiche Filmer wie Stars behandelt werden.

B Der Tagesablauf eines Videofilmers ist eng getaktet,

- ☐ weil man sein eigener Chef ist.
- ☐ obwohl man viele Freiheiten hat.
- ☐ da die Community ständig mit neuen Videoclips gefüttert werden will.

☐ Punkte

3 Sprachliche Mittel verstärken in einem Text die Wirkung von Aussagen. Kreuze für jedes Beispiel an, welche inhaltliche Aussage es erzeugt. Setze pro Teilaufgabe jeweils ein Kreuz. **2 Punkte**

A Ohnehin rät Werner allen, sich neben den Internetvideos ein zweites Standbein aufzubauen. (Z. 50)

Das sprachliche Bild (Metapher) wird hier verwendet, um Folgendes anschaulich auszudrücken:

- ☐ **a** So, wie man zum Stehen zwei Beine braucht, so kann man vom Beruf „Videofilmer" allein meist nicht leben und braucht ein zweites Einkommen, damit man wirtschaftlich „fest dasteht".
- ☐ **b** Die Leserin/der Leser soll sich daran erinnern, dass man zum Stehen zwei Beine braucht.

B Authentizität sei ihm [Paquito] wichtig. „Was mich am meisten am Fernsehen nervt, ist, dass es nicht ehrlich ist", sagt er. (Z. 28 f.)

Die wörtliche Rede wird hier eingefügt,

- ☐ **a** um Paquito direkt zu Wort kommen zu lassen.
- ☐ **b** um den vorherigen Satz mit der Aussage von Paquito zu belegen.

☐ Punkte

4 Kreuze für folgende Abschnitte die Funktion an, die sie für den Text haben. **3 Punkte**

A Der erste Abschnitt soll

- ☐ vor allem das Nutzerverhalten der Leser auf Videoplattformen ansprechen.
- ☐ durch ein konkretes Beispiel das Interesse der Leser für das Thema Videoplattformen wecken.

B Der dritte Abschnitt will

- ☐ ein Beispiel für eine gelungene Karriere als Internetstar geben.
- ☐ das Zwillingspaar Heiko und Roman bekannter machen.

C Der siebte Textabschnitt belegt durch die Nennung der Ergebnisse der JIM-Studie,

- ☐ dass die Verfasser des Textes zu dem Thema viel gelesen haben.
- ☐ dass statistische Ergebnisse die Aussagen im Text glaubwürdig untermauern.

☐ Punkte

5 Überprüfe die Aussagen unten anhand des Balkendiagramms. Kreuze das Zutreffende an. Setze bei jeder Teilaufgabe ein Kreuz. **3 Punkte**

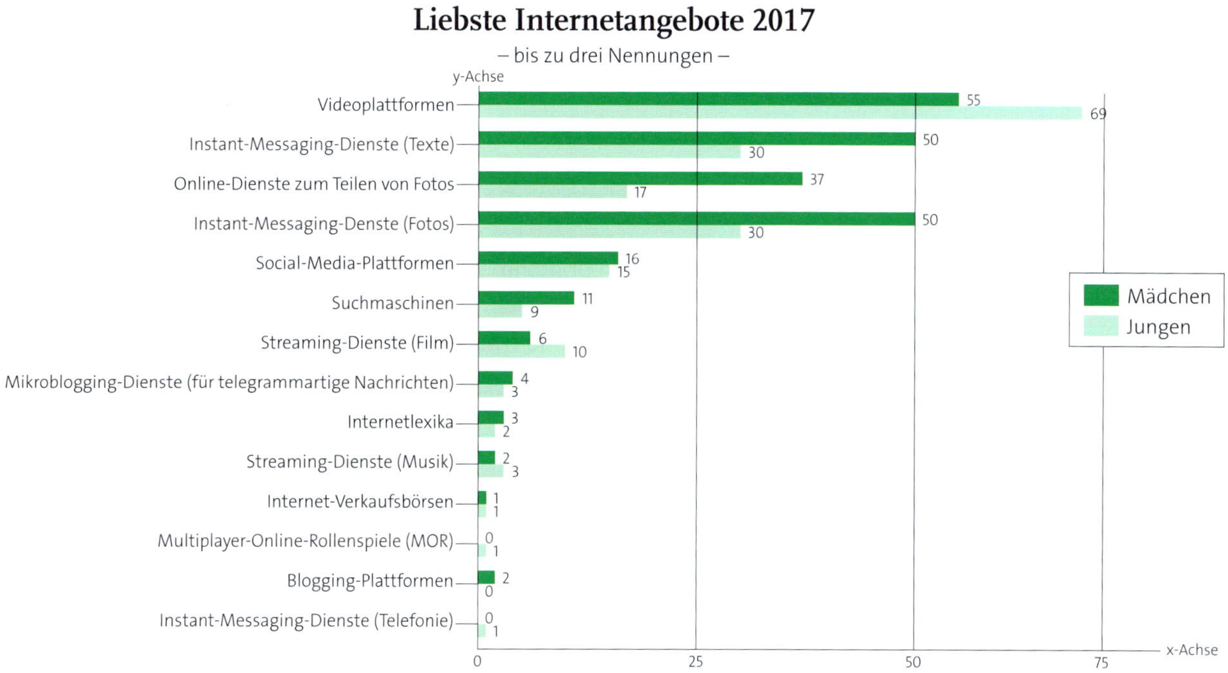

Quelle: JIM 2017, Angaben in Prozent, Nennung ab 1 Prozent (Gesamt) · Basis: Befragte, die Online-Dienste zumindest selten nutzen, n = 1183

A Bei der Nennung der beliebtesten Angebote im Internet nennen Jungen Instant-Messaging-Dienste für Fotos

☐ an vierter Stelle. ☐ an siebter Stelle. ☐ an neunter Stelle.

B Videoplattformen sind beliebter bei

☐ Mädchen. ☐ Jungen. ☐ beiden Geschlechtern gleichermaßen, ohne Unterschied.

C Die Abweichung in der Beliebtheitsskala ist zwischen den Geschlechtern größer als 10 % bei

☐ Streaming-Diensten für Musik. ☐ Online-Diensten für Fotos. ☐ Social Media-Plattformen.

☐ Punkte

Kompetenzbereich II: Ausdrucksvermögen

6 Finde für jeden weiteren unterstrichenen Ausdruck ein Synonym und schreibe es in die Zeile daneben. Beachte die Grammatik. **6 Punkte**

Jugendliche nutzen das Internet vor allem zur Kommunikation. Dafür stehen dort verschiedenartige Plattformen bereit, deren Gebrauch je nach Alter und Geschlecht stärker oder schwächer in ihren Alltag eingebettet ist. 94 Prozent der 12- bis 19-Jährigen bedienen sich eines Text-Dienstes. Ein bekannter Foto-Dienst kommt auf 57 Prozent regelmäßige User.

☐ Punkte

1 hauptsächlich

____

____

____

____

____

7 **Der folgende Text enthält weitere vier Ausdrucksfehler. Unterstreiche diese und verbessere sie in der Randspalte. Der Sinn des Textes darf dabei nicht verändert werden.** **4 Punkte**

Nummeriere die falschen Ausdrücke und **notiere die Nummer** neben der Verbesserung.

Social Influencer sind bei Jugendlichen heute beliebter als Ideale [1] aus den klassischen Bereichen Sport und Schauspiel. Sie testen Spielzeug, geben Schminktipps oder offenbaren ihre Markenkleidung. Um über ihre Stars jederzeit auf dem Laufenden zu halten, haben viele deren Kanäle abonniert und folgen ihren Stars auch auf anderen Social-Media-Plattformen. Jugendliche meinen, dort Vorbilder zu finden, die für sie erschwinglich sind. Internet-Stars sind mit ihren Fans eingebildet auf Augenhöhe, wenn sie mit der Kamera im eigenen Kinderzimmer Videos zu Themen aus dem Alltag ihrer Fans drehen. ☐ Punkte	1 Idole,

Kompetenzbereich III: Formale Sprachbeherrschung

8 **Setze die folgenden Sätze in die indirekte Rede. Verwende die Umschreibung mit „würde" nur dann, wenn es sich nicht umgehen lässt.** **5 Punkte**

A Sophia berichtet: „Damit es weniger Streit mit meinen Eltern gibt, nutze ich das Internet regelmäßig heimlich."

____

____

B Sie sagt: „Weil ich abends gern bis spät Social-Media-News checke, schlafe ich manchmal zu wenig."

____

C „Abends chatte ich oft auch noch mit meinen Freundinnen," fügt Sophia hinzu.

____

D Sophias Vater erzählt: „Ich habe früher nachts unter der Bettdecke Comics gelesen, statt zu schlafen."

____

E Sophia schlussfolgert daraus: „Also schlafen Jugendliche nicht deshalb zu wenig, weil sie digitale Medien nutzen."

____

______________________________ ☐ Punkte

9 a Unterstreiche im folgenden Text alle Nebensätze.
b Bestimme die Art des Nebensatzes. **10 Punkte**

Vorkommen können in solchen Aufgaben Subjekt- oder Objektsätze, Adverbialsätze oder Relativsätze. Bestimme Adverbialsätze genau, z. B. Finalsatz, Temporalsatz.

A Amerikanische Forscher debattieren, ob die Nutzung sozialer Netzwerke süchtig macht. ______

B Eine Krankenkasse beauftragte eine Studie, die diese Frage untersuchte. ______

C Kinder und Jugendliche im Alter von 12 bis 17 Jahren sind oft online, während sie Hausaufgaben machen. ______

D Die Auswertung ergab, dass durch die zu intensive Nutzung sozialer Medien gesundheitliche Probleme entstehen können. ______

E Dass ein Teil der Nutzer süchtig wird und dass Social-Media-Sucht psychische Erkrankungen hervorrufen kann, ist eine weitere Erkenntnis der Studie. ______ ☐ Punkte

10 Wandle die folgenden Sätze vom Aktiv ins Passiv bzw. vom Passiv ins Aktiv um. Achte darauf, nichts wegzulassen und im vorgegebenen Tempus zu bleiben. **4 Punkte**

A Jugendliche werden aber nicht per se durch die Nutzung von sozialen Netzwerken abhängig gemacht.

______

B Im Netz können Jugendliche verschiedene Selbstdarstellungen ausprobieren.

______

C Von der Internetgemeinschaft werden ihnen in kürzester Zeit entsprechende Rückmeldungen gegeben.

______

D So können Begegnungen spielerisch erprobt werden.

______ ☐ Punkte

11 Unterstreiche im folgenden Text weitere sieben Attribute und schreibe über die Zeile, um welche Art von Attribut es sich jeweils handelt. **8 Punkte**

Adjektivattribut

Soziale Netzwerke dienen auch der Identitätsentwicklung junger Menschen. Dennoch ist es notwendig,

dass Heranwachsende bei der Anwendung kompetent begleitet werden. Technische Lösungen, z. B. inhaltliche

Filter und zeitliche Begrenzungen, tragen zur Kontrolle des Konsumverhaltens bei. In der Familie, der wichtigsten

Erziehungsinstanz, sollten klare Regeln für den Umgang mit Medien vereinbart werden. ☐ Punkte

Kompetenzbereich IV: Rechtschreibung und Zeichensetzung

12 Im folgenden Text finden sich neun Rechtschreibfehler. Unterstreiche sie im Text und verbessere sie in der Zeile daneben. 9 Punkte

Im Balkendiagram auf Seite 41 lassen sich viele Informationen zusammen tragen: Bei den 10- bis 18-jährigen Jungen nennen mehr als vier von zehn befragten einen Internetstar, zu dem sie aufschauen. Bei weiblichen Teens ist die Faszinazion geringer, denn von ihnen verherlichen nur 30% einen Videofilmer als Star. Unabhängig von der Anziehungskraft einzelner prominenter haben Videoplatformen bei den 10- bis 18-jährigen mit einer Nutzerquote von 68 % einen hohen Stellenwert. Von den 16- bis 18-Jährigen schauen sogar gut drei viertel (76 %) zumindest abundzu Videos im Internet.

Punkte

13 Setze in den folgenden Text die sechs fehlenden Kommas deutlich erkennbar ein. Mehr als sechs Kommas ergeben 0 Punkte. 6 Punkte

In einer Umfrage wurde erhoben wie lange Teenager im Alter zwischen 12 und 18 im Durchschnitt mit Messaging-Diensten für Texte und Fotos sozialen Netzwerken Foren und Blogs beschäftigt waren. Das Ergebnis: 85 Prozent verbringen am Tag im Durchschnitt knapp drei Stunden damit – Mädchen etwas mehr Zeit als Jungen. Mit zunehmendem Alter steigt die Zeit die im Netz verbracht wird. Etwa sechs Prozent der Heranwachsenden gaben an sich wegen der intensiven Social-Media-Nutzung häufig mit ihren Eltern zu streiten. Je jünger die Jungen und Mädchen desto häufiger ist Streit angesagt.

Punkte

Die Checkliste anwenden

1 a Gehe zum Schluss noch einmal den gesamten Test Aufgabe für Aufgabe durch und überprüfe anhand der folgenden Checkliste, ob du alles bearbeitet hast.

b Ergänze die Aufgaben, die du noch nicht vollständig bearbeitet hast.

Checkliste

ja	nein	Kriterien
☐	☐	Habe ich **alle Aufgaben** bearbeitet?
☐	☐	Habe ich bei den Aufgaben zum Ankreuzen jeweils **die geforderte Anzahl an Kreuzen** gesetzt?
☐	☐	Habe ich die **Fehlerzahl** beachtet, die in einigen Aufgabenstellungen vorgegeben ist?
☐	☐	Habe ich bei Aufgaben mit Lückentexten **sämtliche Lücken** ausgefüllt?
☐	☐	Habe ich beim Verbessern die fehlerhafte Antwort **sauber durchgestrichen?**